だいわ文庫

申し訳ない、御社をつぶしたのは私です。

コンサルタントはこうして組織をぐちゃぐちゃにする

カレン・フェラン＝著
神崎朗子＝訳

大和書房

I'm Sorry I Broke Your Company

When Management Consultants Are
the Problem, Not the Solution
by Karen Phelan

はじめに――御社をつぶしたのは私です

申し訳なかった。心底、そう思っている。

あのときはよかれと思ってやったことだったと言えば、少しは許してもらえるだろうか。ただ、正直なところ、何もかも私のせいとは言えないのだが――。

私たちもまちがったビジネスモデルの犠牲者なのだ。

一流ビジネススクールを卒業したばかりの新人に経営コンサルタントの仕事をさせたら、どういうことになるだろうか。

新卒の経営コンサルタントの得意なことは何か？　論理的な分析を行い、さまざまなモデルや理論を駆使して、新たなモデルや理論を構築することだ。

では、彼らに最も欠けているのは？　**実社会での経験だ**。

となれば、モデルや理論のまちがいに気づかなかったとしても、あながちムリのない話ではないだろうか。

モデルや理論というのはとにかく明快で論理的で、そんなものばかり学んできた者にとっては、絶対的なものに思える。

だが幸い、私の場合はほかのみんなとは少しちがっていた。マサチューセッツ工科大学（MIT）で理工学を専攻した私は、卒業してコンサルタントになるまでに、短期間ながら軍事研究所で科学の仕事にたずさわった実務経験があった。だから、物事は実際には理論どおりにはいかないことも、少しはわかっていたはずだ。

と言いつつ、やはり私もほかのコンサルタントと同じで、結局は何もかも鵜呑《うの》みにしていただけだったと認めざるを得ない——少なくとも、最初のうちは。

統計的には正確でよくまとまった研究でも、残念ながら経営理論の正しさを証明できるものはほとんどない。多くの場合、経営理論は論文の査読《さどく》やピアレビュー（同分野の専門家同士による評価）、第三者による検証すら行われずに、従来の知識体系に組み込まれてしまう。

理論の正しさを示す証拠があっても、ほとんどは個々の事例に当てはまるにすぎないし、既存の研究の多くには企業の利害が絡んでくる（何百万ドルも投じた再建策にほとんどメリットがなかった、などと認めたがる企業がいったい何社あることか）。

だから私は、自分自身がどのようにして真実を悟るに至ったか、その道のりを語りたいと思っている。経営コンサルタント、そして大企業のマネージャーとしての約30年のキャリアのなかで、私はじわじわと確実に、私たちが適用していた経営理論の多くがまちがっていることに気づいていった。

この30年、多くの企業に入り込み、「目標による管理」だの「競争戦略」だのとお題目を唱えて回ったすべての経営コンサルタントを代表してお詫びします。

御社をつぶしたのは私です。

申し訳ない、
御社をつぶしたのは私です。
Contents

第2章 「最適化プロセス」は机上の空論
──データより「ふせん」のほうが役に立つ

第3章 「数値目標」が組織を振り回す
――コストも売上もただの「数え方」の問題

人事評価も「ダッシュボード」で簡単に処理 107
なぜ目標を達成して「赤字」になるのか? 109
目標はこうして「障害」になる 112
達成のために「評価基準」を変えてしまう 115
「会計」や「財務報告」は細工しほうだい 116
評価項目が無限に増えていく 118
問題は「最適化」ではなかった 120
組織が機能しない本当の理由 121
正しく動くと評価されない 126
指標の導入で「無意味な仕事」が増える 128
その目標が「判断力」を奪う 130
「測定可能な目標」が弊害を起こす 132
「革新的な製品」が生まれない仕組み 134

第4章

「業績管理システム」で士気はガタ落ち

——終わりのない書類作成は何のため?

第5章 「マネジメントモデル」なんていらない

——マニュアルを捨てればマネージャーになれる

第6章

「人材開発プログラム」には絶対に参加するな
――こうして会社はコンサルにつぶされる

第7章

「リーダーシップ開発」で食べている人たち

――リーダーシップを持てる「チェックリスト」なんてない

第8章

「ベストプラクティス」は〝奇跡〟のダイエット食品

――「コンサル頼み」から抜け出す方法

※本文中、（ ）は原注、〔 〕は訳注を表す。

Introduction

大手ファームは無意味なことばかりさせている

「ビールゲーム」を解く簡単な方法

誰にでもとは言わないが、人にはたいてい思いがけない才能があるものだ――役に立つかどうかはともかく、他人にはマネできないようなめずらしい能力が。

たとえば以前、コイン投げの裏表を恐ろしいほど的中させる女性がいた。それから、電話の呼び出し音のマネが異常にうまい女性。留守電の暗証番号のプッシュ音も本物そっくりで、メッセージまで再生する。

うちの長男は、頭のなかで物体の３次元映像をあやつることができる。一緒にプラモデルを作っていて気づいたのだが、どうやらあの子は最初に頭のなかで組み立ててみるらしい。次男は眠っていても会話ができる。突拍子もない言葉やフレーズをつぶやくのではなくて、まともな会話ができるのだ。夫は森のなかでも迷わずに目的地へ辿り着ける。誰かに森を抜ける近道を教えてくれと頼まれたら、ＧＰＳなどなくても森のなかをずんずん進み、その人が車を停めた場所から30メートルと離れていないところへ連れて行けるだろう。

じつは、この私にも得意なことがある。数年前にたまたま気づいたのだ。

２００６年、私はＭＩＴスローン経営大学院で、システムダイナミクスの授業に出席していた。最初の課題はグループに分かれて「ビールゲーム」で競い合うこと。

これはビールメーカーのサプライチェーンで商品を流通させるシミュレーションゲームで、サプライチェーンの人ならよく知っている「**ブルウィップ効果**」を再現する。サプライチェーンの末端で生じるわずかな需要の変動が、チェーンをさかのぼるにつれて増幅され、最終的には大きな変動となって表れることを示すものだ。

ゲームが始まって数分後、すぐに要領をつかんだ私は、手こずっているクラスのみんなを尻目に、適切なオーダー量をはじきだした。サプライチェーンの問題は熟知していたので、頭をひねるまでもなく、問題を解き進むうちに答えはおのずと見えてきた。それで、ほかのみんなが因果ループ図など描いて悩んでいるうちに、私だけがすらすらと問題を解き、正解を出したのだった。

すると、クラスじゅうが驚きの声をあげ、私のことを天才呼ばわりした。これには決まりが悪いったらなかった。

たしかに、ややこしいシステム問題をあっというまに解いたかもしれないが、私はべつにコンピューター並みに頭がいいわけではない。私の強みは、他人の気持ちになれること――ほかの人の立場になって考えられることだ。

どの問題も、私は状況をまざまざと思い描き、当事者になったつもりで考えてみた。サプライチェーンの各部門の立場になって考えていくうちに、うまくいく方法が見つかったのだ。私がほかのみんなや講師とさえもちがっていたのは、問題はサプライチェーンや工場の整備状態や、個々の改善課題や生産工程にあるわけではない、とわかっていたことだ。問題は状況に反応する人間の側にある。ビジネスの問題はことごとく、状況に対して反応する人間が引き起こしている。

コンサルは「芝居」で商売している

教科書やコンサルタントや専門家によれば、「ブルウィップ効果」が起こる原因は、需要予測ミスや、予測を超える需要の変動や、情報データ不足や、在庫管理の甘さなどにあるという。しかし誰も指摘しないことだが、ブルウィップ効果を引き起こす最大の原因は、**人間の感情だ**。

需要が少しでも落ち込むと不安が生まれる。誰もが慎重になり、サプライチェーン全体で発注が抑えられる。ところが需要が少しでも持ち直すとこんどは楽観的な気持ちが生まれる。すると、需要の伸びを期待して、供給する商品が不足しないように過剰に発注してしまう。あるいは、仕入先の業者が予定どおりの数を納品できないのではないか、顧客の需要が思ったほど伸びないのではないか、と疑った場合も、発注は増えたり減ったりする。

だから、ブルウィップ効果が起こらないようにするには、在庫の発注にたずさわる人間の不安や希望的観測、疑念を取り除くしかない。

私がこの本を書いたのは、経営コンサルタントとして30年も働いてきて、いい加減、芝居を続けるのにうんざりしてしまったからだ。

まったくどれだけ芝居を打ってきたことか——「この在庫管理システムを導入すれば、問題は解決します」とクライアント企業に断言しながら、肝心なのはサプライチェーンの部門間の信頼関係を構築することだったり、「商品開発プロセスリエンジニアリング」と銘打ったプロジェクトを立ち上げていても、実際にやっているのは、営業、マーケティング、研究開発（R&D）の各部門の連携強化だったり、コンピューター並みの明晰《めいせき》な思考力で問題を解決したように見せながら、本当はクライアントの関係者の思惑を読み取るのがうまいだけだったり。

何よりいたたまれないのは、クライアント企業の従業員を「資産」として扱い、監視、評価、標準化、最適化すべきであると唱えてきたことだ。

私が自分のやっている仕事をありのままに話せないのは、「貴社の関係者の連携を強化するお手伝いをします」なんて言っても、誰もコンサルティングの仕事を頼んでくれないからだ。

仕方がないから、方法論やモデルや指標やプロセスやシステムといったコンサルティングの商品の看板を引っ提げる。

若手のコンサルタントだった頃は、私自身も数々のモデルやプロセスやプログラムを作り上げた。すべてはコンサルティングの作業にばらつきが出ないように、クライアントの意思決定に感情が絡まないように、またその経営層から余計な意見が差し挟まれないようにするため。つまりはそうやって、ビジネスの経営から人間的な要素を取り除こうとしていたわけだ。

もちろん、私だけではなかった。

この20年で企業経営の手法は急激に増え、「効率化」や「スキルの標準化」、「パフォーマンスの最適化」などの目標のもとに、企業のベストプラクティスとして定着した。「バランススコアカード」「業績給」「コア・コンピタンス開発」「プロセスリエンジニアリング」「リーダーシップアセスメント」「マネジメントモデル」「競争戦略」「カスケード式業績評価」などは、企業経営の確立したモデルとなっているが、それらが能書きどおりの効果を発揮する証拠はほとんどない。

このようなモデルや理論はいずれも職場から人間性を奪うものであり、そういう意味では図らずも効果を発揮したと言えるだろう。従業員は使い捨ての機械よろしく最大限まで酷使され、一人ひとりの個性も才能も埋もれたまま終わってしまう。

ビジネスは「数字」では管理できない

私たちは企業経営の専門家や経営コンサルティングファームのせいで、ビジネスというのは論理的なものであり、すべて数字によって管理できると思い込んでいる。モデルや理論に従えば成功への道筋が示されると信じてきた。

ところが企業がさまざまなモデルを導入し、数値データに従って意思決定を行っても、期待していたような成果は決して得られない。なぜなら、**ビジネスは理屈どおりにはいかないからだ**。

人材はビジネスの一部分ではない。人材なくしてビジネスは成り立たないからだ。オフィスや設備だけでは、どうしようもない。ビジネスとはすなわち「人」なのだ——非理性的で感情的で気まぐれで、クリエイティブで、面白い才能や独創的な才能を持っている人間たちのことだ。そんな人間が理屈どおりに動くはずがない。

私が本書によって訴えたいのは、これ以上、職場から人間性を奪うのはやめるべきだということ。そして人材のマネジメントさえできれば、あとはすべてうまくいったも同然ということだ。

本書は読書としてコンサルタントおよびコンサルタントを雇う側の人だけでなく、

コンサルティングとは関係のない人も対象としている。昨今の経営改革論の効果を信じるのがアホらしくなった人にも、ぜひ読んでいただきたい。仕事をしていて「みんな頭おかしいんじゃないの」と思ったことがあるなら、それはあなただけではない。

これは、そんなあなたのための本だ。

「数人のコンサル」が歪んだ流れをつくった

「コンサルタント」という言葉はじつに大ざっぱに使われている。企業の相談に乗る人なら誰でもコンサルタント。そのうえ、テクノロジーコンサルタント、マーケティングコンサルタント、デザインコンサルタントなど、やたらと種類が多い。私が「経営コンサルタント」と言う場合は、企業の経営幹部に協力し、アドバイスを行う人間のことを指す。

もっと厳密に言えば、私の怒りはMBAを取得したばかりの新卒を大量に採用する大手コンサルティングファームに向けられている。新人コンサルタントたちは、エクセルのスプレッドシートや、見かけ倒しの方法論や、人を煙に巻く専門用語や、鼻持ちならない傲慢さで武装する。そういう連中が数々の経営神話をでっちあげ、世間に広めた責任は大きい。

イノベーションの欠如や、目先のことしか考えない施策《しさく》、価値ある商品やサービスの開発よりも利益の追求を最優先させる風潮や、ストレスと過労で疲れ切ったやる気のない従業員など、こんにちのビジネスにおける最大の問題の根本的な原因はそこにある。

この数十年、企業のリーダーたちは「どうしたらわが社はビジネスを通して人びとの暮らしをもっとよくするために貢献できるか」という重要な課題に取り組もうとせず、あまり意味のない問題にばかりとらわれてきた。

・どうしたら競争優位性を確保できるか？
・どうしたら株主価値を最大化できるか？
・どうしたら（会社的にも個人的にも）利益を増やせるか？
・どうしたら人材活用の効率を最適化できるか？

その結果、効率一辺倒の企業ばかりになってしまったのだ――どこも同じようなやり方で同じような商品やサービスを提供し、成長を目指すにも企業買収しか能がない。こうした問題の多くは、一般的な経営の施策として生じるものだが、それらの判断が本当に正しいという証拠はほとんどない。そもそもこのような経営の定説は、ほんの数名の経営コンサルタントが打ち出したものだった。

この問題を説明するのにうってつけなのは、流行《はや》りのダイエットやエクササイズだ。毎年、ドクターやフィットネスの専門家が登場して、痩せるための画期的な方法を紹介する。奇跡のダイエットフードや厳格なダイエットプログラム、新しいエクササイズなど、方法はさまざまだ。

ところが、そんな流行りの方法を試しても効果がないどころか、たいていはヨーヨー・ダイエット〔ダイエットとリバウンドを繰り返すこと〕に陥《おちい》ってしまい、かえって体重が増えて健康状態も悪化してしまう。健康でいるためには、いろいろな食材をバランスよく適量とり、体をよく動かして、睡眠をたっぷりとる必要がある。痩せる秘訣もそれと同じで、昔から誰でも知っている――**つまり、秘訣などないのだ**。

経営コンサルタントも毎年のように、ビジネスのあらゆる問題を解決するモデルや理論を開発している。どのコンサルティングファームのウェブサイトを見ても、「ビジネスソリューション」を売り物にしているのがわかるだろう。

経営コンサルタントは業界のオピニオンリーダーとして新しいモデルや理論を創造し、それが多くの企業に採用されて、自分たちに名声（と富）をもたらすことを望んでいる。しかし、その結果どうなったかといえば、新しいモデルや理論が次々に流行っては廃れていっただけだ。

ひとつの流行が広く普及すれば、その問題点も広範囲に表れることになり、今度はその反省点を踏まえて次の流行がつくられる。外的要因に対応する「競争戦略」のあとには、内的能力にもとづく「コア・コンピタンス戦略」が登場。トップダウン型で進める「ブルーオーシャン戦略」のあとには、ボトムアップで市場に対応する「適応戦略」が登場した。

各戦略はそのまえの戦略の欠点を補うものではあるが、やがてその戦略自体の欠点が浮かび上がってくる。その結果、ダイエットとリバウンドを繰り返すのと同じ悪循環に陥ってしまう。

こうした現象を食いとめるには、経営コンサルタントがいっときしか流行らない経営手法を次々に開発して売り込むのを、やめさせるしかない。

「確実にまちがっている」理論の数々

本書は独自の研究成果や私の考え方の確証を示す学術書ではない。ビジネスについて私が信じていたことは何もかもまちがっていた――そう気づくまでの道のりを描いたストーリーだ。

みずから企業に売り込んだ多くの経営手法が、流行っては廃《すた》れていったその過程を描いていく。どの事例も、仕事に対する私自身の考え方が大きく変わるきっかけとなったものを選んだつもりだ。

最初の3つの章では、「戦略開発」や「業務プロセス改善」「業務管理指標の導入」等の経験について詳しく述べる。前半に出てくる事例の多くは、私が若手コンサルタントとして大手のコンサルティングファームで働いていた当時のものだ。

続く4つの章では、いわゆる「タレントマネジメント」と呼ばれるメソッドについて述べ、「業績管理システム」「マネジメントモデル」「人材開発プログラム」「リーダーシップコンピテンシー」などを取り上げる。後半の事例のほとんどは、事業会社で働くようになった私が、コンサルタントだった頃に自分も導入にたずさわった数々の経営手法のせいで四苦八苦した経験を語ったものだ。

さて、ここで目的をはっきりさせておきたい。本書の要点は従来のビジネスの常識の誤りを暴くことであり、まちがっても与《くみ》するものではない。**私の提案は、役に立たない経営理論に頼るのはもうやめて、代わりにどうするかということだ。**ともかく大事なのは、モデルや理論などは捨て置いて、みんなで腹を割って話し合うことに尽きる。対話や人間関係の改善がビジネスに利益をもたらすことを研究によって証明したわけではないが、真偽の判断は読者に委ねよう。

とはいえ、ありがたいことに、理論の誤りを証明するのは簡単だ。誤りを示す証拠がひとつ見つかれば、それで事足りる。このことは繰り返し強調しておきたい。なぜなら、私が知っている経営コンサルタントの多くは、「理論の誤りを証明するには反証がたったひとつあればよい」ことを、なかなか納得できないからだ。

いっぽう、理論の正しさを証明するのはずっと大変で、あらゆる状況で成立することを証明しなければならない。経営コンサルタントが往々にしてはきちがえているのは、まさにこの点だ。一度や二度うまくいっただけで、誰もが従うべき「ベストプラクティス」として打ち出しても、実際にはある特定の状況でうまくいくにすぎない。

現在、広く一般にはびこっている誤った考え方――「数値データで計れないものは管理できない」(もちろん、できる!)など――から脱け出すための足がかりとして、いくつかの提案や選択肢を示したいと思う。

なにも、私には解決策があるなどと豪語するつもりはない。けれどもまちがっているのがわかり切っている経営手法を試すより、少しでも効果のありそうなことを試そうと言いたいのだ。まちがった定説を切り捨てて真実の核心を明らかにし、真実にもとづいて新しい解決策を講じよう、と。ほぼ確実にまちがっているより、ひょっとしたらまちがっているかもしれないほうが、ずっとマシではないだろうか? そんなのはもちろん、当たり前のことだろう。でも実際、この本はどんな本かと訊かれたら、まさに当たり前のことを書いた本だと言いたい。

第1章

「戦略計画」は何の役にも立たない

――「画期的な戦略」でガタガタになる

マイケル・ポーターが「武器」を生む

1980年、ハーバード大学教授でコンサルティングファーム、モニターグループの創設者のひとり、マイケル・ポーターの『競争の戦略』(ダイヤモンド社)が出版されると、戦略コンサルタントの時代が幕を開け、80年代と90年代に全盛期を迎えた。

ベインやボストン・コンサルティング・グループ(BCG)をはじめとする専門特化型のコンサルティングファームは60年代から存在したが、顧客基盤は限られており、おもに資金管理を扱っていた。当時は、事業戦略の策定といっても、あやしげな魔法に分析と経験をちょっぴり加えた黒魔術——ネイティブ・アメリカンが呪薬の力を借りて自己発見を行う儀式「ビジョンクエスト」の企業版みたいなイメージだった。

とはいえ企業にとっては、呪文や魔術などより、分析やストラクチャーなど実体のあるもののほうがありがたいに決まっている。マイケル・ポーターの著書は、戦略の策定方法や分析の手順を具体的に示しただけでなく、戦略のあるべき姿を明らかにした。

『競争の戦略』によって、ポーターは企業人の頭に「**競争優位性**」という言葉を植えつけ、有名な2つのモデルを提唱した。ひとつは、「**5つの競争要因**《ファイブフォース》」で、業界の競争をめぐる3つの内的要因（既存の競合企業同士の競争、買い手〈顧客〉の交渉力、サプライヤーの交渉力）と2つの外的要因（新規参入企業の脅威、代替品の脅威）からなる。

これは業界分析を行うためのフレームワークであり、第1章で紹介されている。第2章では、その次に有名な「**ポーターの3つの基本戦略**」、すなわちコスト・リーダーシップ戦略、差別化戦略、集中戦略が示される。業界における自社の立ち位置によって3つの戦略のうちどれかを選び、競争優位性の確立を目指す。

あとの章はとんでもなく包括的な青写真といった感じで、競合分析、競合の反応予測、代替戦略決定のための業界構造分析などを扱っており、項目ごとに膨大《ぼうだい》な数のチェックリストがついている。

私はこの本を読もうとして何度も挫折《ざせつ》したあげく、やっとの思いで読み終えたとき、ふと気がついた。この本のうち「5つの競争要因」と「3つの基本戦略」だけが経営用語として定着したのは、おそらく挫折しないで第3章以降も読み切った人がほとんどいなかったからにちがいない。

ともあれ、このポーターのモデルやチェックリストのおかげで、コンサルタントはメソッドと一連の解決策を手に入れた。いずれも大学を出たふつうに頭のよい人なら、パッケージ化して実施できる。こうしてチェックリストや選択式オプションの登場により、戦略策定の魔術めいたイメージは消え失せ、誰もが利用できるようになった。

外から集める情報は中途半端

私が米国会計事務所デロイト・ハスキンズ&セルズ(DH&S)のコンサルタントだった80年代後半、ポーターの本は必読の書だった。そのころDH&Sでは、経営コンサルティング事業を拡大している最中だった。

私がDH&Sに入社した当時は、各オフィスの担当地域ごとにコンサルティング業務を展開し、さまざまな案件を引き受けていたが、地元の中小企業の小規模案件が中心だった。

ところが、私がニュージャージーのオフィスに入社して約1年後、コンサルティング部門のトップが全国規模のコンサルティング業務を展開する方針を決定した。さらなる名声を求め、フォーチュン500社〔米「フォーチュン」誌が毎年発表している売上ランキング上位500社〕の大企業を狙って、実入りの大きな大規模案件を手に入れるためだ。

金融や製造など、業種ごとに分かれてコンサルティングサービスを提供する戦略的ビジョンからスタートした。各地のオフィスも、地元の産業によってはアメリカの全国営業のオペレーションに組み込まれる。ニュージャージーは製薬業が盛んなため、私たちは製造業の担当となった。またニューヨーク市に近いこともあり、金融業の担当にも指定された。地方市場を相手にするだけでなく、アメリカ全土のデロイトのコンサルタントのリソースを活用して展開できるようになる。今後は地方ではなかなか味わえないような幅広い業務を経験できるはずだ。

これは私にとってもよいアイデアに思えた。全社の定番のコンサルティングソリューションと顧客のニーズごとに合わせて作るサービス、全国展開と地方営業、フォーチュン500社の大企業と中小企業——考えるまでもないことに思えた。誰だって自社の戦略的ビジョンの一翼を担いたいと願うはずだ。

この全国営業の方針によって、ニュージャージーオフィスの私たちは、いくつかの有名製薬会社に売り込みをかけることになった。ところが、製薬業界を担当した経験のある者がいない。そこでいちばん下っ端の私が製薬業界の分析を命じられ、この利益率の高い業界への足がかりを探ることになった。

ポーターの本を使えば、業界分析の手順はよくわかった。だが、このときのことで何よりも思い出すのは、必要な情報を手に入れるのがとにかく大変だったことだ。まだインターネットもない時代で、情報をかき集めるために株主のフリをして企業に電話をかけたり、図書館に何度も足を運んで統合データベースを徹底的に調べたりしなければならなかった。

これだけの膨大な手間を考えると、競合分析といっても、実際のところどの程度の情報を押さえているのだろう、と思わずにはいられなかった。企業に関するありとあらゆる情報を手に入れようと思ったら、本来ならその企業のなかで働くしかない。だから当然、手に入る情報に限りはあったが、それでもどうにか製薬業界の総合分析と呼べるものをまとめあげた。

グラフやチャートを満載し、強み、弱み、機会、脅威の4つのポイントによるサマリーもつけた。この経験によって私は多くのことを学び、製薬業界に関する深い知識を身につけることができた。それが後々のキャリアで役立つことになる。

「正しい理論」でチャンスを逃す

こうして製薬業界の戦略的分析がうまくいったのを皮切りに、製薬業のコンサルティングで大成功した――と言いたいところだが、ほどなくしてDH&Sは同業の米国大手会計事務所トウシュ・ロスとの合併を決定した。その結果、コンサルティング部門はトウシュの業務コンサルティング部門に統合され、私たちは飲み込まれた。「戦略コンサルタント」を目指した私たちの戦略は、外的要因によってあえなく失敗に終わってしまったのだ。こちらに少しでも先見の明があったら、事態を予測できたにちがいない。

だがそのとき、私は予想外の成り行きに衝撃を受けていた。トウシュ・ロス会計事務所はいまだに各地域のオフィスによる自律型のアドホックモデルで営業していたのだ。**こっちには「戦略」があったのに！** 全米のコンサルタントの知見を結集できる仕組みを作り上げていたというのに！

しかし、トウシュ・ロスのほうがはるかに多くのビジネス案件を抱えていた。DH&Sは大手クライアントの獲得に気を取られているうちに売上が減少していた。いっぽうトウシュ・ロスは昔ながらのやり方であれ、クライアント案件を着実に獲得していたのだ。その結果、DH&Sのコンサルタントはほとんどが辞めざるを得なくなった。プロジェクト案件が進行中の客先もなければ、合併後も引き続き関係を維持していけるような重要な得意先もなかったからだ。

私たちは専門知識を深め、提供するサービスの領域を拡げ、全体の組織の体制も整えたにもかかわらず、それらが活用されるための肝心な「顧客基盤」を構築できていなかったのである。いまになって思えば、私もオフィスでデータ分析作業に明け暮れるばかりで、クライアントに堂々とコンサルティングフィーを請求できる仕事など、ろくにしていなかったように思う。

コンサルティング事業領域もトウシュのほうが多岐にわたっていた。私など名前すら知らなかったような非営利団体や、病院、メディケア、メディケイド、その他の政府機関等において、患者へのアンケート調査の実施や、医療費の不正請求のあぶり出しなど、じつにさまざまな業務を受託していた。DH&Sが金融業界と製造業界を中心に足場を固めていこうとしたいっぽうで、トウシュは眼の前のチャンスをことごとくものにしていたのだ。

公正を期するために言えば、どこの会計事務所系コンサルティング会社の業務内容も最終的にはもっと体系化されているが、それはさまざまな取扱業務を絞り込んだ結果である。DH&Sは当時のほんの数名の代表パートナー〔共同経営権を持つコンサルタント。一般企業の役員クラスに相当〕の経験と勘にもとづき、トップダウン型で事業方針を決め、市場を攻めようとした。

それは理論としては正しくても、私たちはそのせいで多くのチャンスを見逃してしまった。製造業が今後もアメリカ経済の中心であり続ける、という思い込みが働いたのもいけなかった。

このようにして私は、ひとつの戦略に従って追求することにはマイナス面もあり得ること、すなわち他の数々のビジネスチャンスを逸する可能性があることを学んだ。めぐってきた仕事を何でも引き受けることでマーケットの動きに対応するのではなく、私たちはマーケットを支配しようとした。狙いを絞った結果、私たちは新しいマーケットやサービスには眼もくれずにひとつの事業構想にしがみついたが、それすら実現できなかった。

こんな経験をしたのはこのとき限りだったと言いたいところだが、このあと私は転職したジェミニ・コンサルティングとファイザーで、同じような経験をさらに二度も味わうことになる。

ジャック・ウェルチの怒濤の人員整理

1990年、私はユナイテッド・リサーチ・カンパニーに転職した。業務改革と組織改善を行うコンサルティンググループで、ちょうど戦略コンサルティング会社のMACグループに買収されるタイミングだった。両社の合併の結果、誕生したのがジェミニ・コンサルティングだ。

ジェミニは「ビジネスプロセスリエンジニアリング」の名のもとに思い切った正社員数の削減と効率化を行うコンサルティングファームとして、ほんの数年で頭角を現した。当時のコンサルティングファームとしてはめずらしく、私たちジェミニのコンサルタントはクライアントに改革案を提示するだけでなく実際にその実行を支援し、コスト削減において具体的な成果を出せるよう導いていた。どのコンサルティング案件においても、具体的にどのような削減効果をもたらすかを明確に示したのだ。

折しも景気の低迷期で、ジェミニは企業のダウンサイジングで成功を収め、急激な成長をとげた。取り扱い案件の規模もどんどん大きくなり、なかには部門全体あるいは企業全体の「改革実行」を一度に引き受けたケースもあった。

もうひとつ、ダウンサイジングで有名な企業といえば、ゼネラル・エレクトリック（GE）だ。CEO**ジャック・ウェルチ**のもとでおよそ1000回にもおよぶ企業買収を繰り返した結果、GEは世界最大の企業となった。

しかし、それらの買収の規模に匹敵するほどの事業売却や人員整理も続々と行われ、全従業員の25パーセントに相当する約10万人が解雇された。事業所のビルが次々に空っぽになり、ウェルチは「ニュートロン・ジャック」の異名を取った〔中性子《ニュートロン》爆弾になぞらえたあだ名〕。

ウェルチの哲学では、マーケットシェアで業界1位ないし2位になれない事業は売却すべきであった。だが、こうした考え方はめずらしくも過激でもない。最も有名な歴史ある戦略コンサルティングファームのひとつ、BCGは、ずっと前から相対的マーケットシェアが高く、市場成長率も高い事業（＝スター）に投資を集中させ、相対的マーケットシェアが低く、市場成長率も低い事業（＝負け犬）は売却・処分すべきだと提唱していた。GEの成功により、ウェルチの哲学や経営手法は多くの企業に取り入れられ、ベストプラクティスと見なされた。

分析を「グラフ」にするだけで感心される

同じく賞賛され、模倣《もほう》されたウェルチの哲学に「**株主価値の創造**」のコンセプトがある。すなわち、企業は、株主が他のどの投資先よりも多くの利益を自社の株によって得られるようにするべきだということ。

これを数式で表すと、「株主価値」は企業の総資産利益率（ROA）と投資利益率（ROI）に応じて決まる。このふたつが組み合わさったのが株主資本利益率（ROE）である。この考え方によって、これらの数値データが経営に必要な一連の「財務指標」として定着した。

これらの指標を管理できれば、プラスのキャッシュフローが生まれる。それが株価に反映され、株主利益も大きくなる（もちろん、これは効率的市場仮説を前提としている。つまり、ふつうの人はこのような計算にもとづいて株を買うだろうと想定してのことだ。もし人々が「あの企業のロゴがかっこいい」などという理由で株を買うとすれば成り立たない理論だ）。

そんなわけで80年代後半から90年代初めにかけて、経営者は収益（revenue）と利益（profit）という従来の指標に加え、マーケットシェアや株価をはじめとするさまざまな財務指標を注視して、会社の資産や投資の生産性を見きわめるようになった。こうして数値データによる企業経営と資産効率への取り組みが盛んになったのである。

私がこのような数値データによる経営アプローチを初めて本格的に体験したのは、大規模なビジネストランスフォーメーション（事業変革）プロジェクトにたずさわったときだった。

ジェミニはある大手化学メーカーの不振事業部門の変革と、同社の株主資本利益率（ＲＯＥ）の向上に取り組んでいた。最初に着任したコンサルタントのチームは、同社のＲＯＥが株主価値の向上を妨《さまた》げるウィークポイントになっていると分析した。したがって、ポイントは「資産効率」の向上、すなわち経費削減を行って投資利益率

（ROI）を改善することだった。

私たちはまず巨大な作戦司令室を設け、経費削減目標に対する進捗状況を示すチャートやグラフを壁じゅうに貼りつけた。なかでも目を引いたのは「資産効率性」というタイトルで幅約1メートルの模造紙に描かれた棒グラフで、社内の各部署の面積1平方フィート〔約0・093平方メートル〕あたりに生み出される収益の額を示したものだった。

当然ながら、最も生産性が低いのは肥大化した本社組織と巨大な研究センターだ。現実的にはそれらの部門を売却するわけにはいかないが、このグラフによって私はコンサルティングに関する重要なことを学んだ。**このように細かい分析を行って、その結果を立派なグラフにまとめれば、クライアントは感心してくれる。**あとは、ひとつの指標をX軸に、別の指標をY軸に置いた4象限のチャートを作ること。このふたつはおそらくコンサルティングスキルのなかで最も使える重要なスキルだろう。

「分析」に従わなかったから成功した

私は設備投資効率の改善を行うチームのリーダーだった。それまで、その企業では各事業部長に設備投資の可否を判断する決裁権があった。そこで、私のチームはコンサルティングの一環として、ポートフォリオ評価の標準プロセスを設定した。投資案件の審査にあたって、どの事業部でも同じ判断基準と財務分析が用いられるようにするためだ。

目標は全社の設備投資資金をプールし、全社で最もＲＯＩの高いプロジェクトを選ぶことである。そのため、私たちは各投資案件の戦略的価値と金融収支にもとづいてスコア評価を行う判定モデルを開発した。また、投資案件を管理するための新しいプロセスとして、ポートフォリオ選択への道筋をつけるため、一連の部門長会議を実施することにした。

手始めに実施中のいくつかの投資プロジェクトの評価を行ったところ、ひとつだけ投資予定額が突出しているプロジェクトがあった。最近できた事業部は、利益率の高い製品ラインを持っており、生産量が急速に増加していた。この部門が工場の増設を検討中だったのである。

しかし本社の数名の幹部は、このプロジェクトはその製品の過剰生産を招き、利益率の減少を引き起こすのではないかと懸念していた。過去の製品拡張のペースを考えても、まだ工場を増設するのは時期尚早と言えた。幹部らの常識的な見方からすれば、その事業部長は会社の利益を犠牲にして、自分の帝国を築こうとしているようにさえ映った。

私たちは新しい投資案件判定モデルを使って、予測されるリスクと利益への影響を計算し、工場の新設はＲＯＩから見て費用対効果が見合わない、という結論を下した。もちろんプロジェクト収益の予測は概算だが、製品需要が引き続き同じペースで伸びていくことを前提として計算した予測だった。

その事業部長は、私たちの算出したデータが示す結論に激怒した。この対立の結果どうなるかは、クライアント企業が事業部をあくまでも客観的な判断によって統制することができるか、それともありがちだが、結局は社内の政治的な駆け引きがものを言うのか、その試金石になるだろう、と私は思っていた。

だから数カ月後、結局は工場増設プロジェクトにゴーサインが出たと聞いたときには落胆し、やはり企業運営には政治がものを言うのか、と思わずにはいられなかった。

ところがその数年後、**私たちの需要増加予測はとんでもなく甘かったことが判明したのである**。この製品の分野では技術革新が相次ぎ、かつては想像もできなかったような新しい活用法やそのための新製品が次々に誕生したのだ。実際の市場の需要はこちらの予測をはるかに上回り、そのクライアント企業は生産能力を大幅に拡大する必要に迫られたのだった。

ポーターと「真逆」の理論

このプロジェクトを担当していた私たちのファームの別のコンサルタントチームは、売上増加とマーケットシェア拡大のための新しい戦略開発に専念していた。彼らはハーバードビジネススクールが提唱し始めた新しい戦略手法にならって「**コア・コンピタンス**」チームと呼ばれた。戦略の詳細はゲイリー・ハメル、C・K・プラハラード著『コア・コンピタンス経営』（日本経済新聞出版社）で述べられている。

同書の要点は、企業は業界の将来を予測し、コア・コンピタンス、すなわち他社にマネのできない自社の中核となる能力を開発することによって、業界の将来をみずから切り拓いていく必要があるということだ。

たとえばキヤノンは、精密機器、精密光学、電子画像工学《エレクトロニック・イメージング》、マイクロエレクトロニクスなどの得意分野を生かし、カメラに始まった製品ラインを、コピー、ファックス、プリンターにまで広げ、各市場をリードするまでになった。

『コア・コンピタンス経営』はさまざまな意味において、マイケル・ポーターとその「戦争のパラダイム」（限られたマーケットシェアをめぐって争う）に対するアンチテーゼとして、待ち望まれていたものだった。

同書が提唱しているのは、企業がみずから新たな市場機会を創出し、自社にしかない能力を開発することであり、競合他社の動向を見て自社の立ち位置を決めることではなかった。コア・コンピタンスを形成することにより、企業は他社には簡単にマネのできない能力を手に入れ、ただ市場の動向に反応するのではなく、将来をコントロールする立場に身を置くことができる。

ポーターはみずからの著書において、企業がどんな戦略をとるべきかは市場動向と業界によって決まると述べた。しかし、ハメルとプラハラードは、企業自身の能力が戦略を決めるだけでなく、業界の将来をも決定すると述べた。自分たちの将来を実質的にコントロールできるわけだから、こちらはとても魅力的な概念だ。

数字で「管理」できるのは数字だけ

「コア・コンピタンス」チームの最初のステップは、クライアント企業ならではのコア・コンピタンスを見出すことだった。

ところが残念ながら、そのクライアントが競合他社に比べて抜群に優れていたのは財務分析の能力だけであり、メーカーとしての事業戦略の策定に役立つものではなかった。

このように最重要戦略の策定に生かせるようなクライアント独自の強みが見つからなかったため、チームはポーターの経営手法に立ち戻り、「差別化戦略」に乗り出した。すなわち、付加価値の高いプレミアム商品を開発し、そのためのまったく新しい製品ブランドと販売チャネルを立ち上げることだ。

かいつまんで話せば、私たちはこのプレミアムブランドの開発によってクライアント企業の業績不振を改善し、資産（人材を含む）を減らすことによって経費を削減し、設備投資に以前よりも意義深い意思決定をもたらすことができた。私たちコンサルタントはこの結果に満足し、喜んで、このプロジェクトを終了した。

ところが実際には、その企業の業績不振はその後も続き、生産能力を拡大した例の事業部を除いて、**10年後にはすべての事業が分割譲渡されてしまったのだ。**

例の事業部長だけが、ただのまぐれか、優れたビジネス感覚の賜《たまもの》かわからないが、他の誰にも見抜けなかった業界の展望を見据え、算出された予測数値データの数字に逆らってでも、工場を増設し生産能力を増強するという正しい決断を下したわけだ。

それにしてもあれほど多くの新製品が出てくるなんて、いったい誰が予測できただろうか。はっきり言って、数値データが導き出したとおりの将来を実現しようとした私たちの試みは大失敗だった。そもそも、将来を正しく予測することさえできなかったのだ。

「手本」だった企業の半数は凋落している

このような戦略策定プロジェクトが厄介なのは、将来を予測しなければならないことだ。昔の企業戦略の指南本に出てくる事例を読み直しながら、私は意地の悪い喜びを覚えずにはいられなかった。『コア・コンピタンス経営』にはベストプラクティスの事例として、NEC、モトローラ、JVC、EDS〔エレクトロニック・データ・システムズ。米国のシステムコンサルティング会社。ヒューレット・パッカード社に買収〕などが登場する。

なかでもとくに面白かったのはビデオテープレコーダーの話で、JVCがソニーを打ち破ってVTR市場のシェアを奪回した経緯が描かれている。日本企業の事例が多いが、それもそのはずで、当時の日本は好景気に沸き、どの産業においても日本企業はアメリカの企業をしのぐ勢いだった。

ポーターの本を読み返して驚いたのは、製造業を重要視していることだ。他の産業にも多少は触れているにせよ、事例のほとんどは製造業に関するもので、生産能力の拡張は戦略的手段であるが、工場や設備は新規事業の参入時にも撤退時にも障壁になると繰り返し述べている。いっぽう現在の主要な産業は、医療関連、小売業、金融業で、製造業は下り坂だ。

だがなにも、ハメルやプラハラードやポーターのあら探しをしようというのではない。彼らは素晴らしい思想家だ。ただこのことが示しているのは、**将来を予測するのがいかに難しいか**、ということだ。ハーバードビジネススクール出身のあれほど優れた頭脳の持ち主たちでさえ、将来のことはちゃんと予測できないのに、私たち凡人にできるはずがあるだろうか？

実際の企業の事例を使って理論を説明しているひと昔前のビジネス書を見れば、そこに出てくる企業の少なくとも半数は、もう業績が振るわないことがわかるだろう。GEの名は1990年代には企業のベンチマークとして使われ、多くの企業がGEの経営手法を模倣《もほう》した。だがいまでは、GEのマネをしようとする企業など見当たらない。ジャック・ウェルチ本人でさえ、株主価値の重要性に関する発言を撤回したほどだ。いま手本とすべき企業を探すなら、グーグルやアップルあたりが妥当な線だろう。

戦略策定の実行における問題は、戦略策定は、今後の経済状況や、業界の変化や、競合他社の動向や、顧客のニーズを予測できることが前提となっている点だ。

しかし、そんなことがまともにできる人間はいない。だからこそ、金融の専門家はインデックスファンドへの投資を勧めるのだ。大多数のミューチュアルファンド・マネージャーが、大勢のリサーチャーを使って盛んに研究を行っても、打ち負かしたいと思っているインデックスファンドよりよい運用実績をあげることができない。最高の学歴を持つエキスパートが揃っていても、将来の株の動きを正確に予測することはできないのだ。

将来を予測するのが仕事の世界的な経済学者にしても、2008年に起きたリーマンショックを予測した者は皆無に等しかった。にもかかわらず、将来を予測し、将来の事業構想にしたがって計画を実行に移すのが、ビジネスのベストプラクティスとして、企業が成功するために必要なことと されているのだ。

お得意の「人員削減」を自社で行うはめになる

「プロセスリエンジニアリング」で成功を収めたジェミニ・コンサルティングの経営陣は、コンサルティングファームとして次のレベルを目指すための事業戦略が必要と考えた。そして経営幹部のチームが「ビジネストランスフォーメーション」をこれからのコンサルティングサービスの主軸にしようと決定した。さらに、この用語はジェミニのブランドとして使い、関連するサービスはすべてそのブランド名のもとに提供することになった。

企業のビジネス戦略、ビジネスプロセス、ITおよび組織設計に一挙に取り組むアプローチで、クライアント企業をまるごと改革するのだ。

顧客本位の取り組みに聞こえるかもしれないが、**実際は巨大なコスト削減プロジェクトをコンサルタント用語で言い換えたにすぎない**。よほど行き詰まった企業でもない限り、全社をまるごと作り変えたいなどと思うだろうか？

しかし、「ビジネストランスフォーメーション」を推進する戦略はジェミニの全コンサルタントに通達され、マネージャーにはトランスフォーメーションに相応《ふさわ》しい仕事を取ってくるよう指示が出された。ちょうど巨大なトランスフォーメーション案件がいくつか進行中だったが、それまで我々のおもな業務収入源は、コンサルタントは通常そうであるように、定期的に入ってくる小さなプロジェクトだった。そんなプロジェクトはもうやらないと言うのだ。

しかし残念ながら、とはいえ世の中にとっては喜ばしいことに、景気は回復し、一般企業はもう必死にダウンサイジングをしようとしなくなった。ビジネストランスフォーメーションに興味を示す人も、もういなかった。破壊的で犠牲も大きく、痛みをともなうプロセスだからだ。

ようやくジェミニの経営陣も事態のまずさに気づいたが、〝大規模なダウンサイジングを行うコンサルティング会社〟というイメージがすでに定着していた。競争入札の案件で「ジェミニ」の名が出てこようものなら、クライアント企業の社員は震え上がった。企業はもうダウンサイジングにはうんざりしていたのだ。

やがてインターネットなるものが登場し、eコマースも生まれて大流行となったが、私たちには何の知識もなかった。**とうとう、ジェミニはお家芸ともいうべき人員削減を自社で実施することになった。**優秀なコンサルタントが次々に競合他社へ移り始め、ジェミニ・コンサルティングはほんの数年で他社に買収され、姿を消してしまった。

戦略開発とプロセスリエンジニアリングによる企業のトランスフォーメーションを売り物にし、最高のコンサルティングツールと優秀なコンサルタント人材が揃っていながらこのような結果を招いたのは、何とも皮肉なことだと言わざるを得ない。

大企業が「正しい経営」のせいで消える

さて、事業運営がもっと安定した一般企業に職を求め、混沌たるコンサルティング業界を去った私は、数年後、転職した先のファイザーでも同じような経験をした。CEOハンク・マッキンネルのもと、ファイザーの戦略は、巨大な営業部隊（競合他社の約2倍）にものを言わせて、大型新薬を開発することだった。
２０００年代の初め、ファイザーは数十億ドルを稼ぎ出す医薬品のラインナップを抱え、さらに新製品を開発中だった。同社の高脂血症薬《こうしけつしょうやく》「リピトール」は史上最大のヒット製品となり、「バイアグラ」では医薬品の新しい市場を開拓し、こんどは同業のファルマシア社を買収して消炎鎮痛剤の「セレブレックス」もヒット製品として販売しようとしていた。

　当時のファイザーは、潜在的市場価値が10億ドルを下回る商品の開発には、眼もくれようとしなかった。またこの時期ファイザーは、製薬以外の事業を整理し始めた。同社のコア事業である特許医薬品にもっと力を入れたかったのだが、副業のせいで一株あたりの利益が希薄化していたのだ。

　製薬会社は医薬品開発のリスクを軽減するため、従来から事業の多角化を図ってきた。医薬品の利益率は高いかもしれないが、効果の高い人気商品はもちろんのこと、大ヒット商品が生まれる可能性はきわめて低い。

　言うまでもなく、その後数年間にわたり、大ヒットをねらったセレブレックス、ベクストラ、トルセトラピブ、エクスベラ、チャンピックス、レズリン等、ファイザーの新薬開発はことごとく失敗に終わった。その間（２００８年の株式市場の暴落以前）、ファイザーの株価は42ドルから17ドルまで下落。ハンク・マッキンネル、そして彼がみずから後任に選んだジェフ・キンドラーの指揮のもと、**会社は5年間でガタガタになってしまった。**

これまでに私が働いた企業はたったの4社なのに、そのうち3社でこのようなことが起こったのである（4社目はメチャクチャな買収騒動のせいで辞めることになった。あまりにもひどかったので、経営陣が連邦議会で証言を求められたほどだった）。

このような経営戦略の失敗談はけっして例外ではない。戦略を実行すれば、こういうことになるのだ。これらの失敗例にしても、教科書的な視点から見れば、ジェミニやファイザーのやったことはおおむね正しかった。

両社ともコア・コンピタンスの観点から、独自の能力を生かした事業展開を行った。ジェミニの武器はプロセスリエンジニアリングと成果をもたらす能力。ファイザーには巨大な営業部隊という武器があった。また両社とも将来を予測し、将来の市場環境で勝てそうな革新的な戦略を策定したと考えていた。

ポーターの観点から見れば、どちらも重要な競争優位をもたらすはずの差別化戦略を追求したことになる。

ジェミニはビジネストランスフォーメーションのコンサルティングの市場を手中に収め、ファイザーは開発中の新薬を大ヒットさせるはずだった。ジャック・ウェルチとBCGの理念が組み合わさったこれらの戦略は、計り知れない事業成長と市場制覇をもたらすはずだった。さらに、それらの戦略はいずれも、市場における過去の成功例にもとづいていた。いわば教科書のお墨付きの戦略で、しかも両社とも戦略を忠実に実行したのだ。

ダメな戦略を生む「5つのステップ」

けれども、戦略アナリストではなく素人の視点からこうした戦略を見たら、きっとこう言いたくなるにちがいない。

「いったい何を考えてたんだか?」

コンサルティング業界では、だれもがフォーチュン500に数えられる大手一流企業のプロジェクトを受託したがる。これはメーカーで言うところの顧客リピート率の高いプレミアム商品のようなものだ——加工費もたいして必要ない、利益率の高いビジネスモデルである。

それを狙うことこそ、まさにDH&Sとジェミニが推進していた戦略であり、ほとんどのコンサルティングファームが目指すものだ。しかし、フォーチュン500の大企業をターゲットにするのはいいが、問題は、そんな企業は無数にあるわけではないことだ。何しろ世界でたったの500社である。そのうえ、どこのファームも狙っているような大型プロジェクトとなれば、ほんのわずかしかない。つまり、大手クライアントの大型プロジェクトを受託できる確率は、宝クジを当てるようなものなのだ。いっぽうファイザーの、大型新薬の開発だけに的を絞った戦略は、まるで宝クジで当たりクジだけを買おうと企むようなものだ。ところが、医薬品の開発は非常にリスクの高いビジネスで、有望そうに見えたものでも大半は失敗に終わってしまう。いったいなぜファイザーやジェミニのような優れた企業が、そんな無茶苦茶な戦略を立てることになってしまうのだろうか?

ここで戦略策定の典型的なプロセスを見てみよう。

まず当然ながら、企業の成功は、リーダーが会社の将来のビジョンを描くこと、すなわち将来を予測することを前提としている。将来のビジョンを構築するには、コンサルタントを雇う。コンサルタントは業界とその動向について十分なリサーチを行ったうえで、報告書をまとめる。

次に、コンサルタントはクライアントの経営幹部の数名を集め、リサーチの結果にもとづき、全体的なビジョンと戦略目標についてブレインストーミングを行う。戦略の世界では「社運を賭けた大胆な目標」(ジェームズ・C・コリンズ、ジェリー・I・ポラス『ビジョナリーカンパニー』日経BP社)、「業界1位ないし2位」、「新たな市場の創造」、「連続二桁成長」といったフレーズが積極的に使われる。どうせ夢を見るのなら、大きな夢を見ようじゃないか！　というわけだ。

ビジョンが完成したら、リーダーは組織の全員にそのビジョンを信じ込ませる。さらに経営陣は、全社がビジョンの実現につながる活動にのみ邁進《まいしん》するよう導く。リソースを集中させる必要があるため、戦略の実現に関係ないものにリソースを割くわけにはいかないのだ。

戦略の開発および実行の現状を要約すれば、次のようになる。

①将来を予測する。
②予測にもとづき、大胆なストレッチ目標を設定する。
③周囲の人々を説得する。その目標にはとくに関係のない、単なる月給取りである一般の従業員らも、同じ目標へ向かって努力するように。
④目標達成に向けて邁進する。
⑤成功を祝う！

もう泣き笑いしそうだ。いや、これで悲しくならなかったらおかしいだろう。**会社がつぶれるのも、従業員が職を失うのも、こんな考え方のせいなのだ。**

もっとおかしいのは、こんなプロセスを考案したのはポーターやプラハラードやハメルやウェルチでもなければ、ＢＣＧなどの戦略コンサルティングファームでもないことだ。

これは戦略に関する考え方の寄せ集めにすぎないし、しかもその結果、個々の考え方よりもずっとお粗末になっている。明らかに、こんなものは企業の将来を計画するための正しい方法とは言えない。

コンサルが去ったあとに残るのは「大量の資料」だけ

ではここで、ポーターも誰もまだいなかった時代をふり返ってみよう。戦略開発の発祥は「戦争状態」の軍事戦略であり、「戦略」という言葉もそこからきている。ポーターの著書は「競合との戦争」「防御」「報復」「対抗ブランド（ファイティング・ブランド）」など軍事用語であふれており、企業が成功するためには競合相手に打ち勝つ必要があると考えている。「競合と闘わなければ企業は成功できない」という考えには私は賛成しないが、戦争の理論がビジネス戦略にどう役立つかはぜひ理解しておきたい。

80年代にポーターのほかに流行った戦略本といえば、孫子の兵法をはじめとする戦争論だ。『孫子』は格言ばかり出てくるし、2000年も前の本であり、私自身は取り立てていいとは思わない。

戦略について私が多くを学んだのは、ユリシーズ・S・グラント〔南北戦争の北軍の将軍。第18代アメリカ合衆国大統領〕の回顧録で、最も優れた戦記のひとつとされている。グラントによる南北戦争の戦闘の描写は、その大半がアメリカ大陸の地勢の説明に費やされている。手描きの戦場地図も満載だ。グラントは地勢を徹底的に調べ上げ、兵力の配置や戦闘の指揮方法を決定した。実際に戦闘が始まると、当初の作戦は変更を余儀なくされる場合も多々あったが、地勢がしっかりと頭に入っていたため、新しい作戦を練るのに役立った。さらに兵站《へいたん》と物資補給にもぬかりなく眼を光らせたグラントは、南北戦争で勝利を収めた。

そしてもうひとり、勝利を導いた有名な将軍といえば、ドワイト・D・アイゼンハワー〔連合国遠征軍最高司令官。第34代アメリカ合衆国大統領〕である。彼の有名な言葉で私がたびたび引用するのは、「戦闘準備において、作戦そのものは役に立たないことをつねに思い知らされたが、作戦を立てる行為こそが重要だ」という言葉だ。戦闘が作戦どおりにいくことはめったにない。それは人生も同じだ。言うまでもなく、ビジネスもめったに計画どおりには行かない。

問題は、人びとが戦略計画イコール解決策だと信じてきたことにある。だが、計画自体にはほとんど価値はない。名高い将軍たちが示したとおり、計画を立てる過程にこそ価値があるのだ。

業界の動向や経済シナリオ、競合企業の強みと弱み、規制の変更、消費者の声などをしっかりと把握することにより、洞察と知恵をもって一企業としての意思決定を行うことができる。そのことをわきまえていれば、企業はさまざまな状況変化に応じて柔軟に対応し、大きなチャンスに気づくようになる。ひとつの計画に縛られてしまえば考え方は狭まるが、計画を立てることは考え方を広げてくれる。

戦略の策定において重要なのは知力を磨くことであって、考えるのをやめることではない。問題をさらに悪化させているのは、多くの企業ではコンサルタントを使って分析や計画を行うため、コンサルタントがプロジェクトを完了して去っていくと同時に、そこで蓄積された知識もすべて出て行ってしまうことだ。自分たちで頭を絞って考えたわけではないので、あとに残ったのは75ページものパワーポイントの報告書だけ。そんなものはほとんど誰も読まないし、ましてや内容を理解することもなく、プリントアウトしたらおしまいだ。

やはり、自分たちで何週間もかけて分析し、結果をまとめ、結論を出したことから学ぶのと、ただ報告書を読んで学ぶのとでは、雲泥の差がある。

アップルやグーグルは「何」をしたか？

戦略開発の目的が計画そのものであってはならない。戦略開発はビジョンクエストにほかならないからだ。ビジョンクエストの目的は、将来を予測して行動計画を立てることではなく、自己発見だ。それと同じように、戦略開発は企業にとっての自己発見の場となるべきなのだ。

したがって、**戦略開発の価値は完成した紙の報告書にあるわけではない**。そんなものは捨ててしまっても構わない。自分たちで学び発見するプロセスにこそ価値がある。守るべき計画を立てることがゴールではなく、自社の持つ能力を生かし、目まぐるしく変化する世の中に対して的確に対応するための知恵を身につけることを目標とするべきだ。そうすれば、眼の前にさまざまな事業機会が現れたとき、それが絶好のチャンスなのか、そうでもないのかを、社員が自分たちで見分けられるようになる。

ひとつの計画に固執することの問題点は、想定外の事業機会に対しては万全の対応が取れないことだ。ところがそういう思いがけないチャンスこそ、将来の成功へのカギになったりする。

ビジネスの成功は、業界の将来を予測し市場の方向性を決定づけたりすることではなく、大きなチャンスを見逃さずにとらえること――とくにまだ誰も気づいていないうちに――にかかっている。マイクロソフトもアップルもグーグルも、業界の将来を予測することではなく、さまざまなビジネスチャンスを見出し、それをものにしたからこそ、マーケットリーダーになれたのだ。

つまり、あなたの会社が成功するには、競合他社には張り切って戦略計画を策定・実行してもらい、自分たちは大きなチャンスが訪れるのを虎視《こし》眈々《たんたん》と狙っているのがよいということになる。

大きなチャンスをつかむには、企業の自己発見にできる限り多くの従業員を巻き込む必要がある。会社は従業員の集合体なのに、その人たちの感情や精神を置き去りにして、頭だけでどうやって自分が何者であるかを知ることができるだろうか?

ほとんどの企業では、数名の限られたメンバーだけで戦略を策定する。それもたいていは経営陣だ。彼らは顧客や競合他社の現状や業界の動向にそれほど詳しくないというのに。そんなことだから、大型新薬やトータルビジネストランスフォーメーションが戦略目標になったりするのだ。

それとは対照的に、軍隊の指揮官は、現場からの情報収集に余念がない。企業だって同じように、現場の従業員から市場や顧客や競合他社について、豊富な情報を得ることができるはずだ。なかには競合から転職してきた者もいるだろう。

自社の企業としての価値や能力、成功したプロジェクトや失敗したプロジェクトのさまざまな事例、顧客が望んでいること、新しいテクノロジーなど、あらゆる情報を全社で共有することが、正しい意思決定には不可欠だ。大きなチャンスを見逃さないためには、従業員も十分な情報を知っておく必要がある。戦略開発とは本来そういうものだ——十分な情報を得たうえで、意思決定を行うための基盤を提供すること。少数の人間が先頭に立ってすべてを決定してしまうことではない。

企業戦略については、現実的に考える必要がある。誰もがマーケットリーダーになれるわけではないのだ。すべてのビジネスが二桁成長を実現したり、「スター（花形の事業）」になったりすることはない。将来を予測するなど、世界で最も優秀な頭脳の持ち主にさえ不可能に近いのだから、20代のコンサルタントたちが束になってかかったところで、できるはずがない。

しかし、戦略開発のはっきりとした目的を見出し、想定外の事態に対応するための知恵を蓄えることなら、誰にでも確実にできる。

第2章

「最適化プロセス」は机上の空論

——データより「ふせん」のほうが役に立つ

「入社1年」で押しつけられたプロジェクト

プロセスリエンジニアリング（業務プロセス改革）とそれに伴う業務のシステム化は、私が長いことたずさわってきた分野だ。それこそコンサルタントになった当初からの話だが、当時は「プロセスリエンジニアリング」という言葉はなくて、「業務改善」と言っていた。

もうずいぶん前のことで、当時のクライアントのプロジェクトの多くもぼんやりとしか思い出せないが、最初のクライアント案件のことはいまでもよく覚えている。このときの経験によって、私はビジネス上のさまざまな課題について多くのことを学んだからだ。

クライアントは小規模の冷蔵庫メーカーで、過剰在庫やオーダーリードタイム（受注から納品までの所要時間）が長い、取引先への納期が守られない、といった問題を抱えていた。冷蔵庫メーカーの業務内容には長年のあいだに変化が生じていた。以前は製品の種類もいくつかに限られていたが、やがて顧客の求めるさまざまな機能に応じた幅広いラインナップとなり、なかには特注品まであった。ところが業務オペレーションが複雑になったのに対し、工場の設備構成は変わっていなかったのだ。

私の上司だったマネージャーは、生産計画におけるスケジューリング能力向上のため、非常に高価な最新の計画ソフトウェアをクライアントに買わせたが、この規模の企業にとっては巨額の投資だった。上司はこのソフトを導入すれば作業場の最適化が実現され、生産量は大幅に改善すると約束した。クライアントは上司のアドバイスに従ってソフトを導入したが、残念ながらわずかな改善が見られたにすぎなかった。

このことは顧客満足の点で大きな問題となった。以前からの大切なクライアントだったこともあり、とうとう当社の製造業界担当のパートナー（役員）が事態の収拾のため、飛行機で駆けつける騒ぎとなった。

結局、その後、上司は事実上そのクライアントへ出入り禁止となり、私たちは無償でクライアントの現行業務の分析を行って、生産、在庫管理、財務会計情報の統合システム構築のための要件定義をまとめることになった。これらの業務を統合するシステムができれば、さすがに問題も解決すると思われた。

気がつけば、クライアント先のプロジェクト現場に残っていたのは、財務会計業務の要件をまとめる2名の会計コンサルタントと私だけだった。会計業務担当のふたりは上の階のオフィスをあてがわれていたが、私に与えられたのは工場内の作業現場の真上のスペースだった。

このプロジェクトでは儲けは出ないし、プロジェクトが継続する見込みもなかったから、現地のクライアントの管理職たちも基本的に作業は私たちに任せきりだった。電子材料工学を専攻し、MITを卒業してまだ1年、**製造業の企業に関する知識などこれっぽっちもない私に、たったひとりでこの会社の問題を解決しろというのだ。**

「MIT出身のエンジニアですから」と売り込まれたのはいいが、私のMITでの専攻は半導体関連で、電子顕微鏡を使って原子レベルの問題に取り組んでいたのであり、どう考えても工場の作業現場で使われるようなエンジニアリングではなかった（まあ、その研究はごく小さなメーカーで働いていたようなものかもしれないが！）。

謎の「促進係」の仕事

現状分析を始めるにあたり、私は工場の現場監督と一緒に作業現場をひととおり見て回った。まず気がついたのは、そこらじゅうに部品が散らかっていること。表向きは「仕掛かり品」となっているが、要は未完成品で、それが生産プロセスのどの工程にも放置されていた。どの機械の前にも、未処理の部品と完成した部品が二列に並んでいるのだ。そのせいで全体的に散らかって、薄汚れていた。

次に気づいたのは、どの機械オペレーターもひっきりなしに作業に追われていること。

最後に気づいたのは、機械オペレーターよりもきちんとした清潔な服装の男性が数名、作業場を歩き回って、オペレーターたちにガミガミ言っていることだった。

その男たちの誰かが機械に近づくたびにオペレーターは機械を停止させ、何やら言い争っているようだった。「あの人たちは何をしているんですか」と現場監督に尋ねたところ、彼らは「促進係」だった。

促進係の仕事は、急ぎの注文や優先度の高い注文を担当し、製造の全工程に眼を光らせること。まず急ぎの注文を1番目の機械へ持って行き、最初の部分ができたのを確かめると、今度は2番目の機械へ行くといった具合に、完成するまでぴったりと貼りつくのだ。

だがそのせいで、高価なソフトウェアを使って最適化した生産スケジュールにもひどく混乱が生じていた。製品のパーツ作りを担当する各オペレーターは、促進係の注文を割り込ませるために作業をいったん中止し、機械を再設定しなければならない——どうりで、せっかくのソフトウェアも効果を発揮しなかったわけだ！

現場をひと回りしたあと、私は現場の作業員や生産計画の担当者をはじめ、話をしてくれそうな人には片っ端から声をかけ、話を聞き始めた。「作業員は労働組合の連中だから、たぶん非協力的ですよ」と聞かされていたが、実際にはほとんどの人が喜んで話をしてくれた。やっと自分たちの話を聞いてもらえてありがたい、とこれまでの状況に対する不満をいっきにぶちまけた人たちもいた。その企業の経営陣は忙しさにかまけ、工場に足を運んで作業員の話を聞く人など誰もいなかったのだ。

その会社では生産計画の作成にあたり、取引先からの注文を月末締めで受けていた。受注内容をコンピューターに入力すると、翌月の最適な生産計画がはじき出される。

ところが、いくつかの重要な取引先は週ごとに、しかも大至急の発注をかけてきた。それらの注文はただちにコンピューターに追加で入力され、新しい生産計画が作成されるが、それ以前のスケジュールが進行中であるため、新規の注文が舞い込むたびにいちいち生産計画を組み直すのは、非常に手間がかかる。そこで、それらの新規注文は別扱いとし、促進係が処理していた。

したがって理論上は生産計画に支障は出ないはずだったが、作業員の実際の作業は予定どおりにはいかなかった。促進係の要求で至急の仕事が割り込むため、作業員はそれまでの作業をいったん中止しなければならないからだ。

通常の注文でも作業に遅れが出た場合は「至急」扱いとなり、促進係の担当件数が増える。その結果、現場の作業は混乱し、期日どおりに納品できないケースが増えてしまう。**まさに悪循環だった。**

誰もが「問題」を自覚しながら働いていた

従業員の話を聞いて回るのに数週間を費やしたあと、私は問題点をまとめあげ、いくつかの提案を行った。人事がらみの問題は分析しなくてよい、とはっきり言われていたが、最大の問題点は作業員の賃金が生産計画を守ったかどうかではなく、作った部品の数量で決められることだったのだ。

割り込んできた注文を処理するため、機械オペレーターが機械を段取り替えするのに約2時間かかる。そして5つの部品を作るのに約30分。機械オペレーターは、段取り替えに時間を取らなければもっと生産でき、賃金に加算されたはずの分のロスを取り戻そうとして、余計な部品を作ってしまう。そんな余計な部品は、ひょっとしたらいつか必要になって使われる場合もあるかもしれないが、とりあえずは作業場の周りに放置されている。

さらによくないのは、機械オペレーターは生産計画を守ろうとするより、促進係の要求をすぐに受け入れてしまうこと。促進係が付きっきりで見張っているので、やむを得ずそうしてしまうのだ。とにかくそうやって機械の段取り替えをやらされるたびに、オペレーターはこっそりと余計な部品をいくつか作る。その後ようやく生産計画をチェックし、自分の終業時間までに作れる部品の数を割り出して、作業に着手するのだった。

こんなやり方では納期を守れるわけなどないことくらい、従業員もみんなわかっていたのに、現場はそのように動いていた。

製造した部品の数量に応じた賃金制だから、従業員はたとえ必要がなくてもできるだけ多くの部品を製造しようとした。だがそうやって余計な部品を作るせいで、必要な部品を作るための原材料を使ってしまい、しょっちゅう原材料が足りなくなっていた。そのため資材購買部門は必要以上の原材料を用意し、オペレーターはますます不要な部品を作ってしまう。その結果は惨憺《さんたん》たるありさまだ——売れる当てのない部品が山となり、注文はほとんど処理できていないのに、原材料は足りなくなっている。

一部にメスを入れても意味がない

言うまでもなく、私がまず提案したのは、作った部品の数量に応じた賃金制をやめ、納期を守ることを現場全体の目標とすることだった。

さらに、促進係を廃止し、生産計画を週ごとに組むよう提案した。どのみち、得意先は週ごとに発注をかけてくるのだ。月次の生産計画のほうが整然として見た目がよいとしても、そんなことにこだわっている場合ではない。取引先から毎週注文がきており、その分が割り込んでくるのだから、実質的に週ごとのスケジュールで動いているのと変わらないのだ。月次生産計画など形だけのものにすぎない。さらに生産リードタイムの変更と、個別注文に対応するための生産スペースを設けることを提案した。

さて、これでクライアントが私の提案を実行に移したと――納期どおりに受注分の製品を出荷し、在庫や製造コストを削減し、大きな利益を上げたと言えたら万々歳である。

ところが、そのプロジェクトの報告書を書き上げ、クライアントの経営陣にプレゼンテーションを行ったあと、私はすぐにほかの案件を担当することになり、プロジェクトを離れることになってしまった。その会社の社長をはじめ経営陣は私の改革案を気に入ってくれたようだったが、1年後、改革がまだほとんど何も実行されないうちに、その会社は大手の電機メーカーに買収されてしまった。

初めてのクライアント案件を自分ひとりに押し付けられ、最初のうちはかなり腹も立ったけれど、そのおかげで現場の従業員の話をよく聞いて情報を集め、自分の頭で問題を考え抜くことができた。通常ならばあれほど多くの人と話す機会はないし、ただ考えるためだけにあれほどの時間を使う余裕もない。

コンサルティングの世界では、物事を迅速に処理する能力が評価されるため、ただ考えるなど、何の付加価値ももたらさない行為とみなされる傾向がある。しかしじっくりと考えた結果、私が思ったのは、「労働組合に入っている従業員は非協力的でいい加減」などと聞かされていたのとは反対に、ほとんどの従業員は問題点をよくわかっており、自分たちでも何とかしたいと思っているのに、彼らには業務のやり方を変える権限すらなく、疎外されているということだ。

現場の従業員と経営陣は敵対関係にあった。労使契約交渉が暗礁《あんしょう》に乗り上げ、相互不信が募《つの》ったあげく、関係が完全にこじれていた。私がいたときに経営陣の誰かが現場に顔を見せたことなど一度もなかったし、従業員のほうも決して上層部に現場の情報を提供しようとしなかった。どちらも相手側のことを、意地悪で、強欲で、思いやりのないバカな連中だと決めつけ、ひとりかふたりの目に余るほど身勝手な人間の名前を挙げて、揃いも揃ってひどいやつらだとののしった。

歯がゆいことに、従業員は自分の部署以外の人とはめったにしゃべらないので、いつのまにか私が連絡役を務めていた。もうひとつ歯がゆく思ったのは、プロジェクトの「要件変更」だった。私の上司からは生産業務オペレーションの改革だけしっかりやればいい、コンサルタントがよくはまる落とし穴——途中でプロジェクトの要件を変更することだけは避けるようにと釘を刺されていたが、問題の多くは製造以外の部分にあった。

問題の元は例の作業員の賃金制度であるとしても、情報共有の欠如や、取引先やサプライヤーとの関係がうまくいっていないことも、現場に問題を引き起こしていた。資材購買部門では原材料を少しでも早く入手するために複数のサプライヤーに同じ発注をかけ、納品が遅かったほうの注文を直前になってキャンセルするようなことをしていた。**現場を根本的に変えようと思ったら、サプライチェーンのすべての部門の人間を巻き込むしかない。**

流行のメソッドを次々と使う

それからの数年間、私は小規模メーカーの業務プロセス改革にたずさわり、エリヤフ・ゴールドラットの「制約条件の理論（TOC）」を用いたボトルネック分析や、日本式のジャストインタイム（JIT）、製造資源計画（MRPⅡ）など、当時流行の経営改革手法を使っていた。

おかしなことに、これらの改革手法はどれも完璧にはいかず、臨機応変に調整しなければならなかった。メーカーは複数の業務課題を抱えているケースが多く、個別に対処するより、むしろまとめて解決する必要があった。

ＪＩＴの原則のいくつかは適用可能だとしても、実際、アメリカでＪＩＴを完璧に実施するのは無理だ。日本は小さな国だから、仕入れ先のサプライヤーとの距離もそれほど離れていない。原材料の調達に２週間もかかるアメリカで、たった１日や２日で在庫をぜんぶ回転させるなど、どう考えても無茶な話だ。

生産管理ソフトウェアの導入についても同じことが言えた。ただやみくもにソフトウェアを導入するわけにはいかなかった。まずは業務プロセスと情報データを正確にすることが不可欠である。そうしないと、とんでもないことになるからだ。しかし、それを整備してからシステムを導入してもなお、システム稼働直後にはおかしなデータが見つかるのがふつうだった。

このような経験から、私は経営改革手法はあくまでもガイドラインとして、各自の判断で用いるべきツールだと考えるようになった。

当時はクオリティ・イニシアチブ（品質への取り組み）がさかんで、私は統計的工程管理（ＳＰＣ）の資格試験を受けることにした。生産の自動化が進み、製造プロセスにおける温度、気圧、スピードなど複数の変数をシステムでモニタリングできるようになっていた。このように変数をモニタリングすることによって、どのような管理基準を設ければ製品の品質を確保できるかを割り出すのだ。

パフォーマンス履歴と統計を用いれば、機械がいつ基準から外れるかを予測したり、問題が起きた原因はオペレーターの人的ミスによるものかどうかを判断したりすることができた。それは製造の品質と生産性にとって、信じられないほどありがたいことだった。こうしてSPCは「**シックスシグマ**」の土台を作ったのである。

シックスシグマは1980年代の半ばにモトローラ社で始まった品質管理手法だ。自社の製品の品質の低さを思い知ったCEOとエンジニアのチームが、日本企業と競い合うために品質の著しい向上を目指したのだ。

「シックスシグマ」というのは統計用語で、「平均値と近接する規格限界値のあいだに標準偏差が6つ収まること」を意味する。高品質を実現するには、望ましい規格値からの工程変動が6シグマになる必要がある。6シグマというのは、100万回の作業につき不良品の発生率が3・4回しかないという意味だ。

ふつうなら99パーセントよくできれば十分に思えるが、そうすると部品を100個作るたびに欠陥品が1つ出ることになる。それでは質の高いプロセスとは言えない。モトローラがシックスシグマを実施して品質向上とコスト削減において大きな成果をあげると、GEもアライドシグナル社もシックスシグマに飛びつき、全社をあげて取り組んだ。

言うまでもなく、ジャック・ウェルチの在任中は、GEの実施するプログラムはことごとくベストプラクティスと見なされ、ビジネス界で広く採用された。

「ブラウンペーパー」というアナログな方法

また、同じくこの時期に盛んになったのが「ビジネスプロセスリエンジニアリング」だ。この用語は、ジェイムズ・チャンピーとともにビジネス書のベストセラー『リエンジニアリング革命』(日経ビジネス人文庫)を著したマイケル・ハマーによる。

彼らはプロセスリエンジニアリングを「コスト、品質、サービス、スピードなど、現代の重要な業績指標において飛躍的な向上を実現するため、業務プロセスを抜本的に見直し、再設計すること」と定義した。

プロセスリエンジニアリングは、たちまちブームとなった。

私がジェミニ・コンサルティングで働き始めたのは、そんなプロセスリエンジニアリングの全盛期だった。ジェミニの歴史における特徴のひとつは、行動心理学の研究成果にもとづいた改革手法を用いたことだ。

どのクライアント案件でも、私たちは「ソフトスキル」に多大な時間を費やした。クライアントと一緒に、プロジェクトチームの結成方法や、プロジェクトメンバーに対するコーチングやフィードバックの方法、効果的なミーティングの実施方法などを決めていくのだ。

各コンサルタントは、ブレインストーミングや感情の変化サイクルモデルや、ミーティングを円滑にするための介入方法や、「ブラウンペーパー」と呼ばれるプロセスリエンジニアリングのツールなど、各種スキルを身につけさせられた。数字に強い私たちが〝ハートに訴える〟テクニックと呼んでいたスキルだ。

「ブラウンペーパー」という名称は、現行の主要業務プロセスのフローチャートを大型の茶色い紙に描くからである。そして、その業務プロセスの全関係者を集め、ブラウンペーパーのチャートを見ながら、現行の業務プロセスについて気づいた点をふせんに書いて貼りつけてもらい、何がうまくいっていないのかを細かく見ていく。このようなセッションには驚くべきカタルシス効果があった。〝ふれあいとローテク〟のメソッドなどと呼んだものだ。

単純な「話し合い」が効果を発揮する

このブラウンペーパーのメソッドは、統計データにもとづくシックスシグマの改革手法とはまさに対照的で、エンジニアの教育を受けた私としては懐疑的だった。ところが、ブラウンペーパーには実際に効果があった。

ふせんでコメントを貼りつけるメンバーはそれぞれ別の部署で働いており、それまで問題点について話し合う機会は一度もなかった。だから本格的に問題に取りかかるまえに、まずはガス抜きが必要だった。

ふせんを使えば、どんなに厳しい意見であろうと感情的にならずに伝えることができる。問題があるのは業務プロセスであって、人ではないのだ。

このように関係者を一堂に集め、なぜ現行のやり方で業務を行っているのか、それによって関係者にどのような影響が出ているのかを話し合い、他部門の人が抱えている問題をみんなで理解するという方法には、計り知れない価値があった。

セッションが終わる頃には、みんな以前よりも視野が広がり、人間的な思いやりをもってプロセス全体を見つめられるようになっていた。嫌なやつだと思っていたカスタマーサービス部の部門長に会ってみたら、イラついた顧客への対応に一日じゅう追われて苦労しているのがよくわかったし、無能だと思っていた在庫管理担当者も、つねに古い情報に振り回されて悲惨な状況に置かれているのがわかった。

このようなガス抜きと思いやりのプロセスは、チームが一丸となって状況を改善するための最初のステップだった。クライアント用の参考資料として、私のアシスタントはいつも電子ファイルで詳細を見られるフローチャートも用意していたが、私は一度も使わなかった。大事なのはフローチャートの詳細ではなく、皆が貼り付けるコメントにこそ価値があるからだ。

必ずうまくいった「シンプル」な手法

さて、カタルシスを味わったあとの次のステップは、なるべく前回と同じメンバーをそろえて行う「To Beプロセス」だ。白紙を用意してブレインストーミングを行い、どうやったら改善できるかを話し合うのだが、私はこの工程が苦手だった。

ジェミニでは、この手のミーティングには複数のコンサルタントが同席する決まりになっていた。グループの話し合いを円滑に進める役と、考え方のレベルを引き上げる役――いわばプロセス担当とコンテンツ担当が必要だからだ。

私はコンサルタントとして、参加者には黙っているとしても、ちゃんと解決策を事前に用意してから会議に臨むのが好きなタイプだったが、この手法のポイントは白紙の状態からスタートすることにある。私にはやりにくい方法だったが、これは必ずうまくいった(一度だけ、最初に望ましい結果を示し、そこへつなげていく体系的なアプローチで話し合おうとしてみたが、それでは皆の考え方が狭まってしまうことがわかり、30分でボツになった)。

こうしたブレインストーミングは毎回、実を結び、新しく改善されたプロセスができあがった。以前とはまったくちがうものができる場合もあれば、大きく変わらない場合もあったが、新しい業務プロセスが実行され、私たちコンサルタントが現場を引き上げる頃には、クライアント企業のチームメンバーは良好な関係で結ばれ、各自が責任をもって改善を継続する態勢ができていた。

このシンプルな手法は素晴らしい効果を発揮し、ジェミニの名はプロセスリエンジニアリングですっかり有名になった。「ビジネスウィーク」誌の表紙を私たちの写真が飾ったほどだ。

経済が深刻な不況に陥るいっぽうで、ますます成功を収めたジェミニは業務内容を拡大し、ビジネストランスフォーメーションへ乗り出した。この急成長期にジェミニの幹部は知的財産の獲得をめざし、「リーダーシップ」こそ自社の主要なコンピタンスのひとつだと考えた。

私たちはマッキンゼーをはじめとする大手コンサルティングファームとの互角な競争を望んでいたが、そのためにはもっと分析的でシステマティックなコンサルティング手法をとる必要があった。他のファームが独自の方法論やツールを次々に開発し、サービスの自動化を進めているのに対し、私たちはブラウンペーパーを手にしたアマチュアに映った。

ビジネストランスフォーメーション戦略の一環として、私たちは企業のすべての業務領域における改革に適用できる、包括的な方法論の開発を始めた。それにともない、コンサルタントとして採用する人間のタイプも変わった。それまでジェミニが他社とちがっていた点のひとつは、コンサルタントの出身分野が幅広く、多くは事業会社での職務経験があることだった。それが他社と同様に、有名ビジネススクールを卒業したばかりの新卒を採用するようになったのだ。ハートに訴えるアプローチもやめ、もっと分析的なツールを活用し始めた。

なぜ「スケジュールどおり」に動けないのか？

ある大規模トランスフォーメーション案件を担当したとき、私はコンサルタントとしてかつてない最悪の経験をした。

ある繊維メーカーの生産業務プロセスとサプライチェーンを改善するため、コンサルタントはチームごとに多くの拠点に分かれていた。とにかく案件の規模が大きく、速やかな改善を約束していたため、サプライチェーンの機能エリアごとにプロジェクトチームが設けられた。すべてのプロジェクトを一貫した工程で進めるのではなく、各取り組みをまとめる必要があった。

私は小さな工場をひとりで担当し、生産計画業務のリエンジニアリングを任されることになった。状況は、最初に担当したクライアントのケースと非常に似通っていた——工場は受注した商品を期日どおりに納品することができず、多くの取引先を怒らせていた。

この工場が建設された当時は、繊維業界には供給をはるかに上回る需要があったため、他の工場から出た不良品のスプール（糸巻き）はすべてこの工場に集められ、製織《せいしょく》機械で使用する大きなサイズのスプールに作り変えるために巻き直していた。それにより、この工場では不良品を再利用して利益を上げていた。

しかし、繊維業界は様変わりし、この工場もいまではスプールのサイズや縫い目数など、さまざまな点で顧客の個別要望に応じた製品を生産するようになっていた。つまり、何年かのうちに商品のラインナップが非常に複雑になっていたのだ。

初回の現状診断ミーティングでは、機械の動作時間を大幅に増加させ、処理量を激増させることを我々は約束した。工場の問題を解決するため、高額な業務ソフトウェアの導入の代わりにプロセスリエンジニアリングを提案したわけだ。

ともかく私ひとりに任せられたので、私はいつも通りのことをした。工場の現場を回って、従業員の話を聞いたのだ。問題はきわめて明らかだった。

工場には巨大なスプーリングマシンが20台ある。マシンの片側では、作業員1名が糸を巻いた約100個の小さなスプールを設置し、大きなスプールへ糸を巻きつけるマシンへ手作業で糸を通していく。1台のマシンに糸を通すのに数日かかる場合すらあるのに、マシンはたったの数時間で糸を巻き終えてしまう。

そのため、マシンの大半は糸を通す作業のために休止している場合が多い。あるいは、複雑な設定になっているマシンは、それと同じ設定を要する注文がくるまで待機状態になってしまう。

さらに悪いことに、この工場はスプールの不良品を再利用するために建設されただけあって、素材としてすぐに使えるスプールの数が限られているため、作業員は頻繁にマシンを休止し、新たに糸を巻き直さなければならなかった。これはもう、手間がかかるなどといったレベルではない。

例の冷蔵庫メーカーと同じで、このクライアントにも立派な生産計画ソフトウェアがあったが、取引先がたびたび注文内容を変更する。というのも得意先は高級ファッションメーカーで、注文内容を気軽に変更できる取り決めになっていた。ファッションビジネスはそういうものだから仕方ない。

ビジネスモデル自体に「問題」があったら？

というわけで、要望はめまぐるしく変化する。理想的には、取引先がぜんぶ月ごとに注文を送ってくれれば、生産計画担当者がソフトウェアに受注内容を入力し、最適な月次生産計画を作成することができる。

生産計画担当者はどうにかして月次の生産計画を死守しようとがんばるが、取引先が要望をころころ変えるため、スケジュールの変更が相次ぐ。つまり、マシンがしょっちゅう休止状態になってしまうわけだ。

他の工場では、マシンの片側から化学薬品を注入すると、もう片方の側からは糸が出てくるので、メンテナンスとマシンの稼働スケジュールを改善すればマシンの動作可能時間を増やすことができるが、ここではそうはいかなかった。

問題はもっと深刻だった。問題があるのは業務プロセスではなく、ビジネスモデルだった。工場が建設された当時は、商品の価格はいまよりずっと高く、人件費ははるかに安くて、販売しているスプールの種類もほんの数種類だった。だからこそ、不良品のスプールを再利用して売れる商品にするのにも意味があった。

しかし、現在ではスプールの種類が大幅に増え、利益率はうんと下がってしまったので、そんなことをしてもほとんど意味はなかった。いまではスプールをひとつ作るコストのほうが商品の売値よりも高くなってしまうほどだった。しかし、ジェミニは一般の製造業の製品加工工場と同じように考え、マシンの動作可能時間を増やすことで製造コストを削減します、と約束してしまったのだった。

生産計画システムのアルゴリズムを改善してもほとんど効果はないことがわかったので、私はすぐにプロジェクトマネージャーに電話して状況を説明した。生産計画担当者と作業員を集めてブラウンペーパー方式で現状分析をしても、あまり意味はなさそうだった。工場の従業員のなかには問題をよくわかっている人たちもいたが、権限がないのでなす術《すべ》もなかった。問題は取引先との関係にあった。しかも全注文量の少なくとも半分、そして変更のほとんどは、あるひとつの取引先からきていたため、私たちはその企業を訪ねることにした。

泥臭い「ブレインストーミング」の効果

私は、クライアントとその取引先の人びとが協力して問題の解決に乗り出せるよう、一日がかりの会議をセッティングした。双方の側から問題について交互に意見を述べ、相手側に対する不満を穏やかに伝えることにしたのだ。そんなふうにして午前中は率直に話し合い、仕事相手として互いのことを知り合う時間を持った。

昼食のとき、取引先の人たちが「商品の数量を十分確保しておくために、ときには必要以上に発注してしまうこともある」と認めた。それを聞いたクライアントは「そんなめちゃくちゃな発注の仕方をして、開き直るんですか」と、怒りをあらわにした。

「まあ、そういったことはほかの企業でも見かけますね」と私が割って入ると、ほかの人たちも「よくあることだと思いますよ」と相槌《あいづち》を打った。そんな小さな告白がきっかけとなり、腹を割って話し合うムードが生まれたのだった。

午後は私がブレインストーミングを主導し、どうしたらお互いにとってもっとよい形で仕事ができるか、みんなであれこれとアイデアを練った。双方が抱える問題をじっくり検討したのち、両社にとって役立つアイデアを出し合った。最後には、有効と思われる解決策と、それらを成功させる方法を見つけるための施策案をまとめあげた。

たとえば、いくつかのマシンにおける生産計画作成には取引先の担当者も関与し、どの注文を優先させるかについて計画作成時点で責任をもって決定するという案や、完成したスプールを製品として販売するのではなく、「スプーリング業務」というサービスとして受託するという案もあった。そうすれば、工場側は業務にかかる時間あたりの人件費を含む料金を取引先に請求できるようになり、苦労してスループットを最適化する必要もなくなる。

ミーティングを終えた一同は理解を新たにし、協力してもっとよい方法を見つけられるだろう、と希望を感じ始めていた。みんなが責任のなすり合いをやめ、有益な関係を築き始めたことが、私にはとてもうれしかった。

工場へ戻ると、すでに新しいプロジェクトマネージャーが着任しており、増員されたコンサルタントのチームも結成されて仕事を始めていた。会社がクライアントに約束した成果を私ひとりで実現するのはおそらく無理だと私が訴えたせいで、そういうことになったらしい。たった1名のコンサルタントではとても手に負えない案件だと上層部が判断し、別の場所で働いていたコンサルタントのチームがこちらへ移されたのだった。

そのころジェミニは提供するサービス内容と方法論の標準化を始めていた。新しいチームは他のプロジェクトで使っていたツールやシステムを持ち込み、問題を徹底的に洗い出し、改善を図ろうとしていた。

新しいマネージャーが私に最初に見せてほしいと言ったのは、「As Is（現状）」を書いた生産計画業務プロセスの資料だった。

私は現状を説明し、今回の場合、現行の生産計画業務プロセスに関する資料を作成してもあまり意味がないはずだと述べた。すると、彼は私が「Ａｓ Ｉｓ」の資料を作っておらず、標準化プロセスに従わなかったことに激怒した。そんなことだからうまくいかなかったのだ、と。そして、いまやっていることはただちにやめ、業務プロセスフローチャートを作成するようにと、言い渡した。

頑迷なコンサルの「ツール」信仰

この工場が抱えている本当の問題点をきちんと説明できない自分にもどかしさを覚えつつ、私は業務プロセスの現状分析に着手した。現状のプロセスはだいたい次の4つにまとめることができる。

①注文の締切時期のリマインダーを取引先へ送る。
②受注内容を月末締めで最新式の生産計画ソフトウェアに入力。
③最適な月次生産計画を書面に印刷し、工場の現場監督へ送付。
④新規の注文が届いた場合は、生産計画を更新。
※再び①へ戻る。

これをマネージャーに見せたところ、またもや激怒された。「いったい何だ、この資料は？」。あまりの無能さに呆れ返った様子だった。マネージャーは別のコンサルタントを呼び、「生産計画業務のブラウンペーパーのフローチャートがどういうものか、こいつに見せてやってくれ。新しい業務プロセスを開発するのに必要なツールもだ」と指示した。

だが困ったことに、そういうツールや情報システムは、数種類の製品しか扱っていない単純な生産工程の工場にしか有効ではない。

このマネージャーはまだ現場の視察すらしておらず、作業員の話も聞いていない。なのに、ほかの工場でうまくいったから、今回も同じ方法で成功すると決めてかかっている。私がまともな資料を作りさえすれば問題は解決すると主張する上司の頑迷さには、こちらのほうが呆れたほどだ。

しかし、私も負けじと食い下がり、「こんなツールが役に立つわけありません」と言い張ったところ、とうとう私はそのプロジェクトから外されてしまった。ふつうなら、これでコンサルタントとしてのキャリアに終止符を打たれたも同然だが、私はほかのプロジェクトですでにある程度の実績を収めていたので、どうにかもう一度チャンスを与えられた。

私はサプライチェーンの担当を離れ、もう少し自分の裁量を生かす余地のある新商品開発の担当になった。その後、例のプロジェクトは大失敗に終わったことが全社に知れ渡り、プロジェクト責任者のパートナー（役員）は1年後にクビになった。あの繊維メーカーの工場では約束された成果が実現されることもなく、ついに事業は売却されてしまった――**本書でもすでにお決まりのパターンだ**。

この一件で、私はやりきれないほどの深い失望を味わった。クライアントと取引先とのミーティングを実施し、みんなでブレインストーミングを行ったときには、クライアントのためにきっとよい解決策が見つかるにちがいない、と希望の光が見えた思いだった。ようやく誰かの助けになれた気がした。

しかし、自分の裁量で判断などせずに決まったコンサルティング手順に従え、と命令されたあとは、毎日現場に向かいながら胃がキリキリと痛んだ。自分のやっていることがまちがっているのを百も承知していたからだ。

私はプロジェクトの目的を達成するための手段として方法論やツールを使ってきたが、方法論やツールを使用すること自体が目的だったことなど一度もなかった。方法論は新しい洞察を得るためや、型にはまった考え方から脱け出すために利用するものだと考えていた。同僚のコンサルタントたちも私も、方法論どおりに実行すれば必ずプロジェクトが成功するなんて思ってもいなかった。

私が入社したころのジェミニが素晴らしかったのは、方法論は人びとが連携して働くようにするための道具にすぎなかったことだ。それなのに、いつのまにか人びとが連携して働くことより、方法論のほうが重要視されるようになってしまったのだ。

皮肉にも、元祖とも言うべき『リエンジニアリング革命』に立ち戻ってみれば、著者のふたりが、「取り組みを成功させるにはすべての関係者を巻き込む必要がある」と述べていることがわかる。しかも、「新しい業務プロセスを開発するためのお決まりの方法論など存在しない」とはっきり述べている。白紙の状態から始めるのがよい、と言っているのだ。

いまのビジネス書は、最後の章あたりで解決策を正しく実施するための手順を示すのが通例となっている。しかし、私が『リエンジニアリング革命』がとてもいいと思うのは、最後にコツや手順を示して終わりではなく、リエンジニアリングの失敗例に触れていることだ。

また、業務プロセス課題の典型的な症状を取り上げた章も非常に有益で、業務プロセスが統合されておらずデータが散在する現象や、先が読めないせいで生じる過剰な安全在庫量の問題などを紹介している。対処方法や手順を示すことと、失敗例や問題点を示すことのちがいは、前者は読者の考え方を狭めるのに対し、後者は考え方を広げる点にある。

「ツール」が機能しない決定的な理由

いっぽう、シックスシグマは白紙状態ではなく現行の業務プロセスからスタートする。シックスシグマを批判する人たちは、この方法では漸進的《ぜんしんてき》な改善が見られるだけで、抜本的あるいは革新的な改善は図れないと言うが、多くの人は業務プロセスの全体像を見失っているのではないだろうか。

シックスシグマは、もともとマシンコントロールから始まった統制管理方法だ。相手が機械なら効果大だが、人の場合はどうだろうか？ 私の手元にシックスシグマをマーケティング業務プロセスで実施するための参考書があり、タスク完了のモニタリング用テンプレートやステージゲート基準作成用のテンプレートがたくさん載っている。

要はこういうテンプレートを使って、マーケティング業務プロセスに規律と一貫性を持たせようというのだろう。

だが、頭もよくて、クリエイティブで、判断力に優れたコンサルタントをわざわざ雇っておきながら、ただ文書テンプレートに記入したり、進捗状況をやたらと細かく

フィッシュボーン・チャート

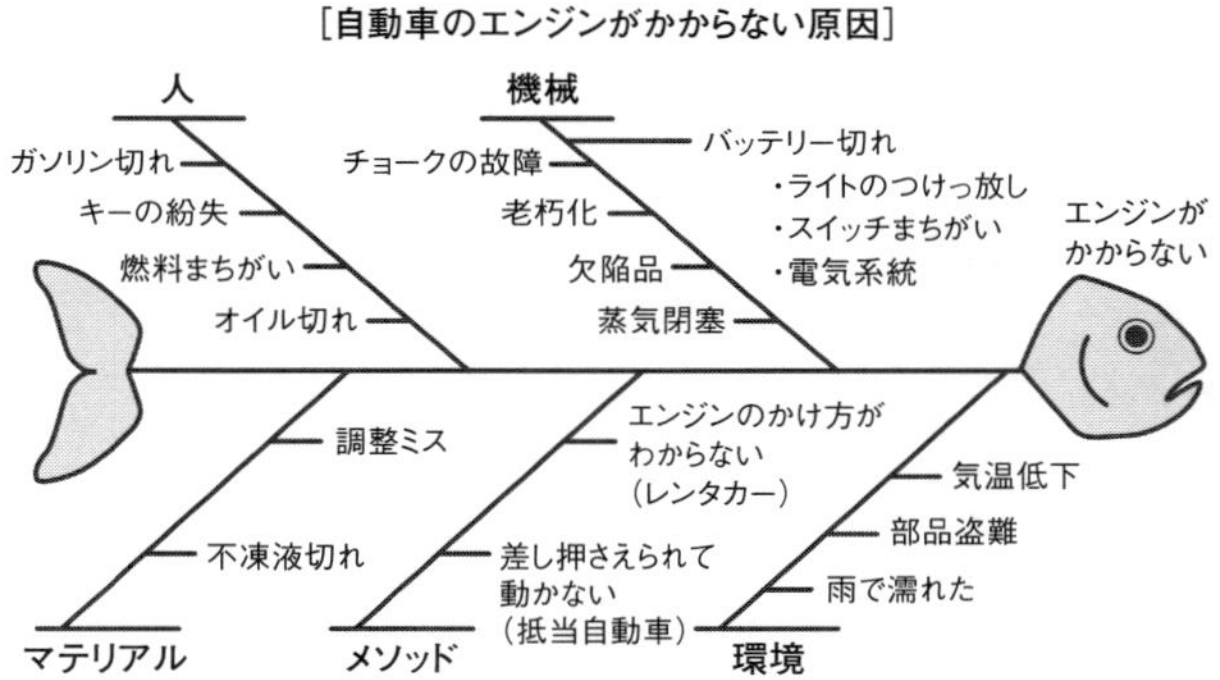

モニタリングしたりさせるだけなんて、意味がわからない。

本当なら、新商品や新しいマーケティングのキャンペーンのアイデアでも出すべく、ブレインストーミングでも行うべきではないのだろうか？　マーケティングの機能がうまく行かなくて困っているんじゃないのか？

何年も前の話だが、私はコンサルタントを対象に問題解決ツールの使い方を教えていた。上の図はシックスシグマのツールキットのひとつで、「イシカワ・ダイアグラム」または「フィッシュボーン・チャート」と呼ばれ、問題の根本的な原因を明らかにするのに使う。

この自動車の例は以前から気に入らないので、もっとよい例はないかと何度か探してみたものの、結局見つからなかった。それでようやく気づいたのだが、例がどうこうではなく、このツールそのものに問題があるのだ。

車のエンジンがかからない原因として考えられるものが「人」「機械」「マテリアル」「メソッド」「環境」の5つに分類されている。

もっとも明らかな原因はバッテリー切れであり、機械の問題だ。けれども、なぜバッテリー切れが起きたのかと考えれば、ライトをつけっ放しにしたせいであり、もとを正せば人間のミスだ。

「マテリアル」と「メソッド」の部分を見てみよう。「調整ミス」「不凍液切れ」「エンジンのかけ方がわからない」「差し押さえられて動かない」――やはり、いずれも人間のミスによるものだ。

じつは、ビジネスの問題の多くも、人間のミスによって起きている場合が多い。数多くの生産機械で起きる問題でさえ、機械オペレーターの操作ミスやメンテナンス不良など、たいていは人間のミスが原因である。人間が作った環境では、人間が原因を作っていない問題を探すほうが難しいくらいだ。

「バカだと思われたくない」という問題

プロセスリエンジニアリングに取り組み、業務プロセス課題の根本的な原因の究明にあたって少なくとも10年になるが、業務プロセスの問題として何度も浮かび上がってきたポイントがいくつかある。ところが、リエンジニアリングを扱う文献でこれらのポイントに触れているのは見たことがない。

・不信

これがおそらく業務プロセスがうまくいかない最大の問題である。部門同士が連携を取らずバラバラに仕事をしていると、お互いに相手の部門がやっていることがめちゃくちゃに思えたりする。そういうすれちがいのせいで、駆け引きやコントロールや腹のさぐり合いが始まり、業務の見直しや承認の段階で支障をきたすことになり、何の価値も生まれない。不信は不安や希望とともに、サプライチェーンの悪名高き「ブルウィップ効果」の根本的な原因となる。需要のわずかな変動がサプライチェーンをさかのぼるにつれて増幅され、最終的には大きな変動となって表れる。

サプライヤーが予定どおりの数を納品できないのではないかと危ぶむ顧客企業は、

基本的に多めに発注をかける。サプライチェーンの各段階で、それと同じことがサプライヤーと顧客企業のあいだで行われる。ところが顧客企業に予定数の製品が納入されると、顧客企業は余分となる商品の注文をキャンセルする。そしてまた、それと同じことがサプライチェーンの各段階で行われる。そのせいで過剰供給と供給不足の悪循環が生まれてしまう。

・部門間での目標の対立

これについては次章で詳しく述べるが、各部門がバラバラに機能していると、部門間で目標の対立が見られる場合が多い。

たとえば、営業としては商品の在庫切れは絶対に困るが、在庫管理の担当者はできる限り在庫を減らそうとする。マーケティングは新商品の発売を急ぐが、法務は商品の品質検査を徹底させるべきだと主張する。本社が社内のプロジェクトの数を減らそうとするいっぽう、地方の支店は改善プログラムの一環で新しいプロジェクトをどんどん立ち上げる……などなど。以上は私が実際に経験したうちの数例にすぎない。

・拙速

これは企業のあらゆる取り組みやプロジェクトに影響を与え、仕事のペースが速くなればなるほど問題が出てくる。新商品開発プロジェクトの場合が最も多く、重要な新商品や開発に長年を要した商品がとうとう発売直前というときに、関係者がまさに待ちきれず焦ってしまって問題につながる。

残念ながら、欲張ってプロジェクトをあれこれ立ち上げると、行き詰まりが生じる。社員が同時にこなせるのはせいぜい2、3個のプロジェクトだから、いっぺんにたくさんのプロジェクトを立ち上げても、どれも中途半端になり完了できなくなる。

また、企業の取り組みにおいてもこのような問題が生じることは多い。プロジェクト担当チームはとにかく早く手を打とうとして、問題の本当の原因を特定するために必要な分析も行わず、拙速に対策を実施して、かえって状況を悪化させてしまう。

・バカだと思われたくない

これは新商品開発における大きな問題だ。新商品開発チームのメンバーは、完璧な商品コンセプトができるまで他部門の人間にはあまり話そうとしない。

その結果、何カ月もかけてコンセプトを完成させたあげく、じつは法律や規制上の問題、あるいは製造面の問題で、残念ながら商品化は不可能だと判明する。そんなことになれば、開発に費やした時間はすべてムダになってしまう。

コンセプトが未完成のうちに関係者全員に見てもらえば、ダメな案は早い段階でボツにできるのに、バカだと思われたくない気持ちが邪魔をする。

データ、フローチャート、報告書……何の意味がある？

いったいどんな業務プロセス最適化ソフトウェアを使えば、どんなリエンジニアリングの方法論を用いれば、このようなイシューに対応できるのか知りたいものだ。こうした問題を解決できるフローチャートがあったら、ぜひとも拝見したい。表面上は最適化したように見える月次生産計画と同じで、業務プロセスフローチャートも見た目は立派だが、必ずしも実際の状況をきちんと反映しているとは限らない。

この問題の大きな原因は、業務プロセスと人間を切り離して考えていることだ。しかし業務を行うのは人間で、業務プロセスと人間を切り離すことはできないはずだ。

たとえば、私が新商品開発プロセスの合理化プロジェクトを担当していたとき、クライアント企業の開発責任者であるシニア・バイスプレジデントが商品コンセプトに関する情報を何もかも知りたがったため、開発工程の最初に、その役員の承認を得る段階を設けることにした。ところがその責任者はプロジェクトの途中で会社を辞めてしまった。後任の責任者は、商品コンセプトはある程度煮詰まってから見せればよいと言うので、結局、最初の承認段階は廃止して従来のやり方に戻った。

あれこれと分析を行って資料や表を作成するのは、決まったことをきっちりやればビジネスの根本的な問題を明らかにできると思っているからだ。しかし、人間が原因で起こる問題を解決するには、問題をわかっている人と話し合うのが一番いい。たとえ問題点をわかっている人がいても、訊かなければ答えを引き出せない場合もある。**私の経験では、ビジネスの問題ではほとんどの場合、問題の原因をわかっている人間が少なくともひとりはいる。**そうでなくても、問題の原因を断片的にはわかっている人が何人かいるはずなので、みんなで集まって問題点を洗い出す必要がある。

根本的な原因をさぐって問題を解決するためのツールは、ふだんはあまり接点のない関係者が集まった場合にこそ効果を発揮する。ツールだけでは役に立たないが、ツールや方法論やソフトウェアをうまく活用して、会議を開いたり、部門横断のチームを立ち上げたりすれば、問題解決の手段として効果を発揮するだろう。

人間は道具を使うのが好きだ。だからこそ文明を築くことができた。危険なのは、ツールそのものを解決策と勘ちがいし、ツールさえあれば関係者が連携しなくてもうまくいくと思ってしまうことだ。実際、方法論の多くはそのような考えのもとに発展した。もともとは人間のために開発された方法から、いつのまにか人間的な要素が取り除かれてしまったのである。気がつけば、莫大な量のデータや資料を用いる方法論になってしまい、コンサルタントは報告書の作成に際限もなく時間を取られることになった。

運がよければ、コンサルタントの分析も当たるかもしれない。けれども、そんなことに骨を折るくらいなら、現場の関係者の話を聞き、みんなで協力してクリエイティブな方法で問題を解決することができるはずだ。

にもかかわらず私たちは、データ入力やフローチャート作成やソフトウェアのインストールやデータ分析や報告書の作成に追われてばかりで、みんなで実際に業務プロセスの問題に取り組む時間を取れずにいる。結局、意味のある改善活動など行っていないのだ。

資料や報告書や計画表じたいは、改革プロジェクトの本当の成果物とは言えない。戦略計画と同じで、価値があるのは考え、学び、創造することであって、結果をまとめた文書ではない。そんな資料は、印刷もしないで忘れてしまうのがオチだ。

関係者全員で取り組みもせずに、ビジネスの問題を解決できると約束するようなツールや方法論やプログラムや取り組みは、ことごとく失敗する。ソフトウェアプログラムであれ、変革活動であれ、業務オペレーションを改善するには、関係者全員を巻き込んで一緒に取り組むしかない。それさえできれば、どんなツールや方法論を用いるかは、たいした問題ではない。人間こそ問題の原因であり、解決の手立てなのだ。

第3章

「数値目標」が組織を振り回す

──コストも売上もただの「数え方」の問題

何もかもつねに「数値化」される

1980年代は企業があまりにも財務指標にとらわれすぎたため、ビジネスの経営に必要なのは財務管理だけではないことを誰かが注意喚起すべき時期にきていた。その役目を果たしたのが、ロバート・キャプランとデビッド・ノートンで、1992年、「ハーバード・ビジネス・レビュー」誌に「**バランススコアカード（BSC）**」に関する論文を発表した。

バランススコアカードでは、ビジネスの経営を成功させるには、「財務」「顧客」「業務プロセス」「学習と成長」という4つの視点の評価指標が必要となる。これらの4つのカテゴリーの評価基準を、企業の戦略目標に従ってバランスよく組み合わせ、スコアカードを戦略計画の実行に役立てるのが理想的だ。

バランススコアカードには、社内および顧客の視点から進捗状況を把握するための数値目標を含んだ目標が盛り込まれる。

次ページの図で例を見てみよう。

しかし、バランススコアカードがたしかに新しい戦略の実行に役立つとしても、十分とは言えなかった。企業の幹部にとっては経営レベルの目標が適切だとしても、は

バランススコアカード

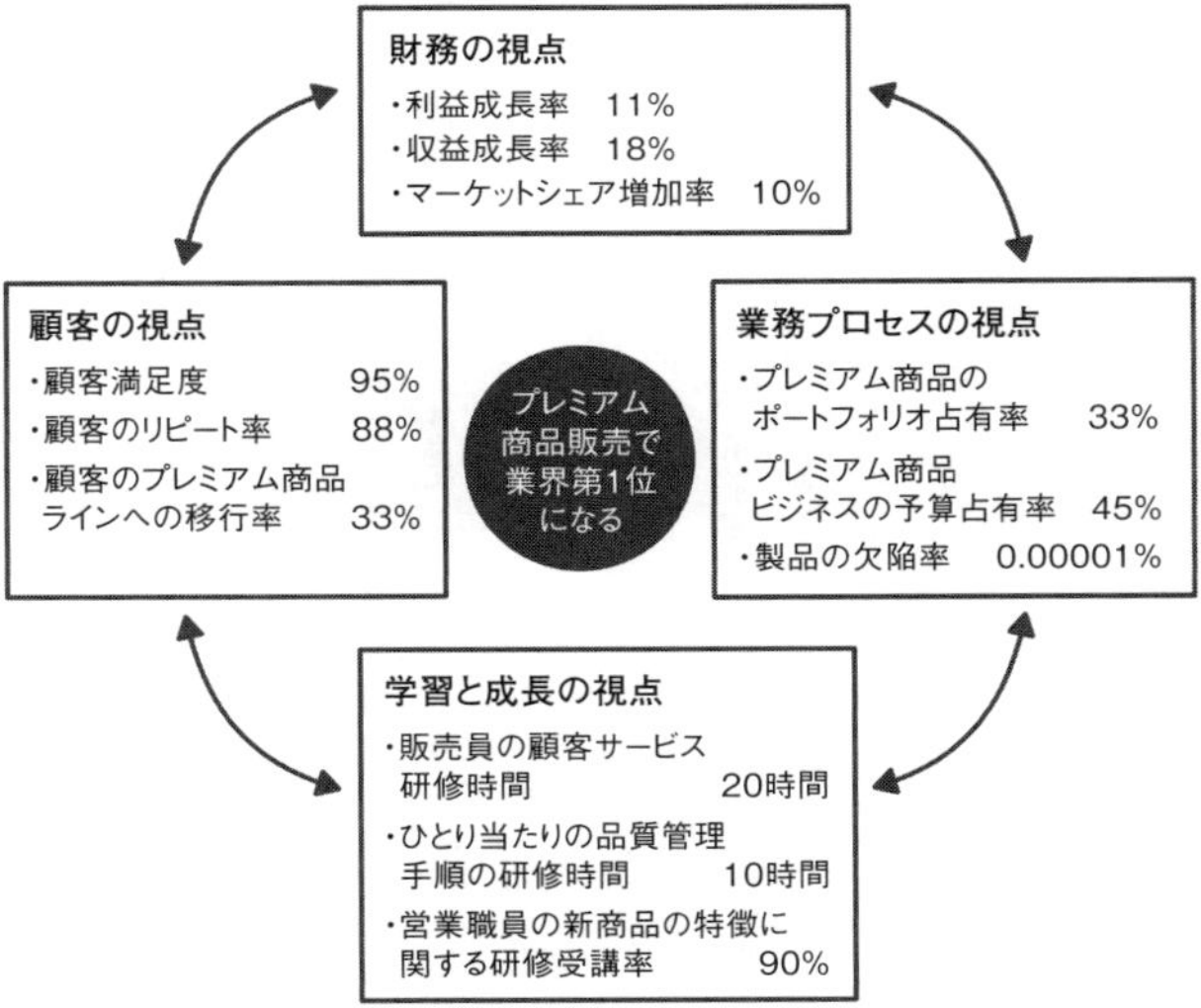

このバランススコアカードにより、組織はプレミアム商品をつくりだすという目的のもとに連携し、利益・収益の成長およびマーケットシェア拡大を目標に掲げ、年度末までの具体的な数値目標を持った財務指標を設定する。「財務」以外のカテゴリーは戦略の落とし込みに役立つ。

たとえば、「業務プロセス」関連の目標には、商品開発に占めるプレミアム商品の数やプレミアム商品のための予算、および製品の欠陥率の上限も含まれる。「顧客」関連の目標には、顧客満足度、リピート率、プレミアム商品ラインへの移行率が含まれる。そして「学習」関連の目標には、顧客サービス研修の受講時間や研究開発トレーニング予算が含まれる（この例には「イノベーション」関連の目標は入っていない）。

これらの指標を組み合わせることにより、業界第1位およびマーケットリーダーとしての地位の獲得を目指す。

たして一般の社員はどのようにマーケットシェアや研修予算目標に貢献すればよいのだろうか？

というわけで次に登場したのが「**主要業績評価指標**（**KPI**）」である。バランスコアカードの各指標は、さらに細かい指標に分類することができる。たとえば、「収益」の指標なら「販売数量」と「販売価格」という指標に分けることができる。「販売数量」や「販売価格」もさらに細分化することができ、その後もさらに細分化することができる。「総販売数量」は国別の販売数に分類でき、さらには地域別の販売数にも分類できる。「販売価格」は製品原価と利益に分けることができる（106ページの図を参照のこと）。

このように指標を構成要素によって細分化するプロセスは、「**カスケード型主要業績評価指標**」と呼ばれる場合もある。こうすれば組織のどのレベルにいる人も、戦略の実行や戦略目標の達成に貢献することが可能になる。機械オペレーターも、顧客サービスの担当者も、自分の役割が会社全体の目標にどのように貢献するかを理解できる。

「実行」するのはコンサルではない

サメの腹にぴたりと貼りつくコバンザメのように、我々コンサルタントはこの評価システムにしがみついた。

当時のコンサルティングの大半に見られた問題は、コンサルティングファームはクライアント企業の分析を行い、戦略や新しいプロセスを開発し、実行計画を提案したらプロジェクトから去り、もう次のクライアントへ移ってしまうことだった。戦略の実行はあくまでもクライアントに任されていた。

新しいプロセス案は役に立つとはいえ、必ずしもすべての戦略目標を網羅しているわけではなく、その新しい業務プロセスや新しい戦略計画がきちんと実行されるかどうかは、クライアント企業の経営陣にかかっていた。だが企業のマネージャーたちにそれを全部任せられるなら、コンサルティング業がもうかるはずがない。自社のマネージャーだけで何とかできるのであれば、企業はコンサルタントなど雇わないだろう。

しかしこの評価システムができたおかげで、コンサルタントはプロジェクトが完了したあとも、自分たちが提案した戦略の実行状況や結果をモニタリングできるように

カスケード型主要業績評価指標

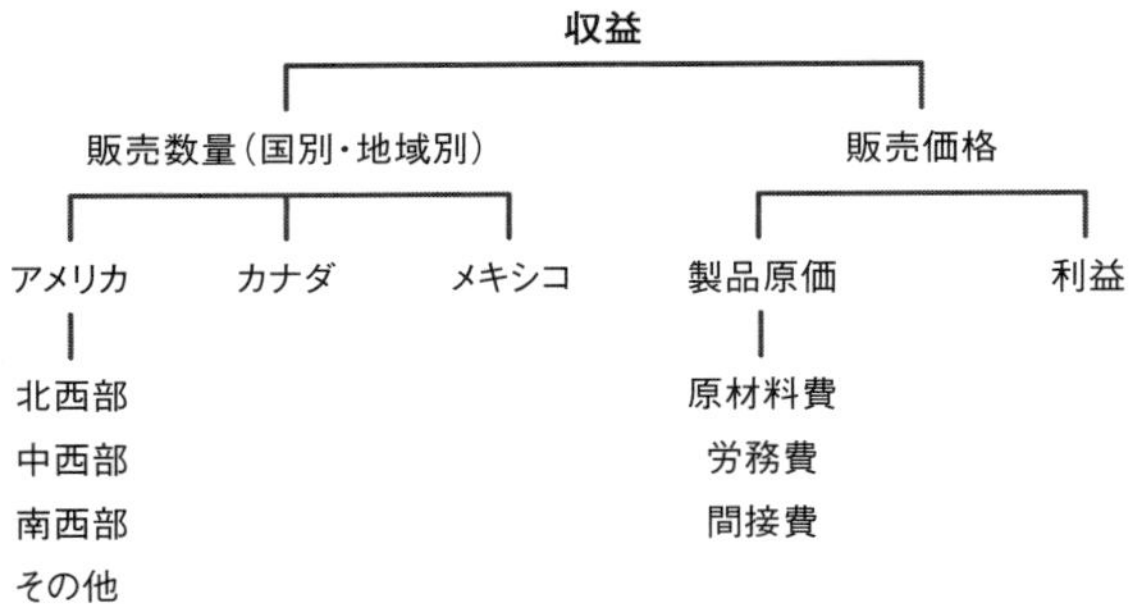

なった。

　バランススコアカードを使えば、戦略を4つのカテゴリーに分類し、それに応じた目標を設定することができる。

　この指標システムに新しい業務プロセスを組み合わせれば、確実に戦略を実行することができた。それにより、組織の各人員が戦略目標にどのように貢献したかをモニタリングし、測定できる。そのおかげで、組織変革という扱いにくい課題が自律的に進む糸口がもたらされた。

　この仕組みはコンサルタントにもクライアントにも素晴らしい訴求力があった。これを実施すれば、全社が一丸となって具体的な目標や目的に取り組むことができ、各自が自分の役割をどれだけちゃんと果たしているかを確認することができる――戦略目標を実現するための完璧な指揮管理系統だった。さらによいことに、コンサルタントはバランススコアカードやカスケード型主要業績評価指標を、単体のコンサルティング業務として提供することも可能だった。

人事評価も「ダッシュボード」で簡単に処理

過去20年間に私がたずさわったコンサルティングプロジェクトでは、ほぼすべて何らかの指標を用いていた。どんなプロジェクトでも指標を使うのが一般的になっていたので、そもそも評価のための数値データを集めたりモニタリングしたりすることに価値があるのか、と疑問を持つ人などほとんどいなかった。何であれ目標を達成するには評価の仕組みが必要だと思っていたのだ。

次の2つのポイントは、私が以前クライアント案件でよく使っていたパワーポイント資料からの抜粋だが、きっとどのコンサルタントにとっても重要な持ち駒にちがいない。

・数値で測定できないものは管理できない！
・指標スコアカードは自動車のダッシュボードのようなものだ。経営幹部は大きなメーターによって進捗状況をモニタリングできる。問題発生時は小さな赤いランプが点灯して警告してくれる。

ちょうどこの時期にITが発達したおかげで、評価システムやモニタリングシステム等に必要な情報データ収集やレポートの作成は、以前より格段にラクになった。そうしてまず登場したのがエグゼクティブダッシュボードで、主要指標における進捗状況がひと目で把握できる。

つぎにIT化が進んだのは、従業員の業績考課管理だった。これはSMART目標（具体的《スペシフィック》で、測定可能《メジャラブル》で、達成可能《アクショナブル》で、成果に基づいた《リザルツ・オリエンテッド》、期限の明確な《タイム・バウンド》目標）やダッシュボードで上下の変動を示す指標のおかげで、業務管理システムの自動化が進んだのだ。

エグゼクティブダッシュボードが普及すると、経営層や管理職のみが使うだけではもったいないということになり、やがてウェブ技術によって、各社員や部門ごとのダッシュボードで指標をモニタリングできるようになった。まるで機械のモニタリング用のコントロールパネルのようなウェブページで、メーターは赤（危険）、黄色（警戒）、緑（順調）に色分けされている。

これにより、経営幹部や管理職はわざわざ自分のデスクを離れて進捗を確認しに行ったり、担当者と直接話したりしなくても、状況を正確に把握できるようになった。シンプルに色分けされた画面によってすべてを管理できるようになったのだ。

まさに統計的工程管理（SPC）と同じで、これは完璧な指揮管理系統システムであり、指標のどれかに異常が生じた場合は、ただちに注意を促してくれる。これでうまくいかないはずがないじゃないか？

なぜ目標を達成して「赤字」になるのか？

だが問題は、システムで組織を指揮管理しようとしても、組織は人間でできていることだ。あいにく人間は人間であり、機械のようには動かない。それどころか人間は命令されたり管理されたりするのを嫌うため、成果測定システムに対して思いがけない反応を示す場合がある。

このような測定システムから私が学んだことのひとつは、目標を決めて設定し、それについて報酬や罰則を設けると、必ずといってよいほどその目標は達成されることだ。しかし、残念ながらそのせいで、測定できない大事な目標が犠牲になってしまうことが多い。

その最も顕著な例は、数値目標がなければ始まらない営業部門だ。現在では、ほとんどの企業において営業職の給与は固定制から歩合制に移行しているため、営業は売ればば売るほど収入が増える。通常は四半期ごとに売上目標があり、インセンティブボーナスを獲得するには、その目標を達成する必要がある。

営業になじみのある人なら知っていることだが、売上の数値は毎四半期の期末にぐっと伸び、翌期の頭に落ち込むのがふつうだ。というのも、毎回の期末の締め日までに何とか顧客から注文を取りつけようとして、営業が値引きやリベートなどの手口を使うためだ。値引きやリベートを実施すれば、当然ながら利益は減ってしまうが、**ほとんどの場合、営業の成績は利益率では評価されないため、知ったことではない**。

営業が自分たちに都合のいいようにこういう仕組みを利用するケースもある。私が知っているなかで、おそらく最も悲惨なケースを紹介しよう。

ある地域担当マネージャーは、毎年とうてい達成不可能な売上目標を課せられることに、もういい加減うんざりしてしまった。自分がボーナスをもらえないだけでなく、チームの部下全員が目標未達の罰としてボーナスをもらえなかったのだ。自分だけが罰を受けるならまだしも、必死でがんばっている部下たちに毎年、毎年、インセンティブ支給の基準を達成できなかったと告げるのは、身を切られるほどつらかっただろう。

ある年、その地域担当マネージャーは、今度こそは年度末の売上目標を達成できるように、申し訳ないが必要数よりもかなり多めに発注してほしい、と取引先の販売代理店に頼み込んだ。売れなかった分はあとで返品してもらって構わないから、と約束した。その結果、彼のチームはついに目標を達成し、ボーナスを獲得。ところが翌々四半期になると、会社には大量の返品が押し寄せた（地域担当マネージャーはとっくに辞意を固めていた）。

返品後に売れなくなった商品のほとんどを償却するだけでも会社にとっては巨額のコストだが、それ以外にも余計な手数料や在庫保管料がかかるうえに、騒ぎの影響で各方面への対応にも追われた。

その地域担当マネージャーを弁護するなら、彼が達成を命じられた売上目標はどう考えても現実的なものではなく、停滞した市場で二桁成長を実現したいという経営幹部の野望が押し付けられたにすぎなかった。

このような考え方の根本には、「**ストレッチ目標を与えれば、現場はどうにか知恵を絞って達成するものです**」というコンサルタントのアドバイスが透けて見える（私もかつてはそう言っていた。本当に申し訳ない）。たしかに、彼らは知恵を絞ったのだ！

目標はこうして「障害」になる

目標達成のために人々がペテンを行う事例は、ビジネス関連のさまざまな文献に出てくる。いくつか例をあげてみよう。

おそらく最も有名なケースは、当時全米最大規模だった自動車修理チェーン、シアーズ・オートセンターの自動車修理をめぐるスキャンダルだろう。シアーズ社が各センターに一部の部品やサービスに対する売上目標を設定し、それに連動した従業員のインセンティブ報酬制度を導入した結果、シアーズ・オートセンターでは詐欺《さぎ》事例が多発し、カリフォルニア州に告発された。なんと顧客の同意も得ず、無断で不必要な修理を行っていたのだ。この顧客に対する詐欺容疑や数多くの訴訟のせいで、同社の業績が悪化したのは言うまでもない。

『リエンジニアリング革命』に、ＩＢＭクレジット社にまつわるエピソードが出てくる。その会社では業務プロセスの改革を行った結果、審査のプロセスの各段階に業務遂行基準が設定された。従業員はこの基準をほぼ１００％達成したが、クレジット審査全体の処理に要する時間は延びてしまった。その結果、処理量のノルマを消化できなくなるのを恐れた従業員は、申込用紙に誤字その他のミスを見つけると、自分たちで修正せずに送り主に返送してしまうようになった。

スタンフォード大学ビジネススクール教授のジェフリー・フェファーが「ハーバード・ビジネス・レビュー」の報酬に関する誤った認識についての記事で挙げた例のひとつに、ハイランド・スーパーストア〔米国ミシガン州発祥の家電販売店チェーン。1992年に破産処理、1993年に全店閉鎖〕の例がある。同社が販売スタッフに対し、歩合制の販売目標を導入したところ、販売攻勢があまりに強引になり、顧客離れを招いた。

グレッグ・ストッカーは著書『会社が死のスパイラルを避けるには（*Avoiding the Corporate Death Spiral*）』（未邦訳）のなかで、数値に取り憑かれるのは悪循環のひとつのステップであるとして、いくつかの例を挙げているが、交通局と郵便局の例を紹介しよう。ある交通局はバスの運転手に対し、運行時間の遵守率に応じて報酬を支払うことを決定した。その結果、運行に遅れが出始めると、運転手はたとえバス停で客が待っていても停車せずに走り過ぎるようになった。

また、ある郵便局では郵便物配達の総処理時間に目標を設定したところ、未配達の郵便物が詰め込まれた袋がいくつも発見された。規定の目標時間内に郵便物を処理できなかった職員たちが、郵便物を隠してしまったのだ。

ハーバードビジネススクール教授でエコノミストのマイケル・ジェンセンは「給料欲しさにウソをつく（*Paying People to Lie*）」という論文のなかで、売上目標を達成するための騙しの手口や詐欺事件を数多く紹介している。たとえばあるソフトウェア会社は、売上を実際より前の日付で計上したり、保守契約をソフトウェアの売上として計上したり、顧客に商品の代金を払い戻す際に架空のコンサルティング料金を支払ったことにしたりしていたかどで、証券取引委員会に召喚《しょうかん》された。

もっと最近の例では、自宅の差押えに関する連邦政府の調査によると、大手銀行では行員の業績評価システムを導入したせいで、抵当案件が書類も精査されずに、あるいはしかるべき書類すら作成されずに、抵当権行使の処理をされていた。行員が差押え件数のノルマを達成するようにプレッシャーをかけられたせいで、いったいどれだけの人が老後のための貯蓄や自宅まで失ってしまったのだろうか。

達成のために「評価基準」を変えてしまう

以上は、人びとが数値目標を達成するために詐欺や騙しを行った最悪のシナリオだ。

誰もがそこまでやるわけではないが、人は評価基準を達成するために評価基準じたいを操作してしまう場合もあることに私は気づいた。たとえば、私はずっと以前から飛行機をよく利用しているが、10年ほど前にふと気づいたのは、飛行予定時間が実際よりも長めに設定されていることだ。

何十年も前に飛行機に乗り始めたばかりの頃は、飛行機が予定時刻より早く到着することなどなくて、予定時刻どおり、あるいは遅れるものと決まっていた。それがいまでは、予定より30分から45分も早く到着するのが当たり前になって、最初は素晴らしいことに思えたものだ。とはいえ、到着予定時刻に合わせて迎えの車を頼んでおいた場合は、空港で待ちぼうけを食わされるかもしれない。

もうひとつの例は、私がある企業で毎年の顧客満足度調査を行う部署で働いていたときのことだ。調査結果によれば、しばらく前まで顧客満足度は数年間ずっと向上し続けていたが、その後、頭打ちになってしまった。それでもなお顧客満足度は高いレベルにあったが、経営陣は継続した向上を実現すべき、というプレッシャーにさらされていた。

そこで彼らはどうしたか。苦肉の策として、顧客満足度アンケートの「どちらとも言えない」という回答を、すべて好意的な回答としてカウントするようにしたのだ。その結果、満足度は前年より向上したことになった。

「会計」や「財務報告」は細工しほうだい

企業がこれほどまでに数値評価基準を好むのは、**数値評価は本物で信頼できるデータだと勘違いしているからだ。**「数字は嘘をつかない」という間違った経営スローガンも、モニタリングやデータの収集・集計や結果報告を行うのは人間だということを忘れている。

評価基準は目的ではない。評価基準はつねに嘘をつく。財務関連でさえそうだ。財務は科学ではなく、意見を反映したものにすぎない。そのルールもただ一般的に認められた会計原則にすぎず、会計原則は国によって異なることもある（アメリカはＩＦＲＳ〈国際財務報告基準〉ではなく、ＵＳ ＧＡＡＰ〈米国会計基準〉を使用している）。

製品単位原価には何が含まれるか、資本的支出（設備投資）なのか、あるいは費用なのか、どんなものが資産計上できるのかといった処理は、企業によってまちまちなこともあり、望ましい結果を描くようにいくらでも操作できてしまう。その極端な例が、粉飾決算がばれて破産に追い込まれたエンロンのマネーゲームだ。

あるとき私はクライアントの依頼で、急に膨れ上がった製造コストの改善を行うことになった。しかしその工場で変更のあった点といえば、間接費の配賦《はいふ》方法だけだった。

間接費をひとまとめにして各部署の占有面積や従業員数で割っても、実際のコストを割り出したことにはならない。けれども、ほとんどの企業で間接費の配賦には何らかの公式を用いる。そのほうが計算がラクだからだ。どの製品が最も電力を消費するか、どの部署が最も多くの通信回線容量を使用しているか、そういったことを突きとめようとしたらあまりにも時間がかかる。

つまりコストはどう算出するかによって決まるものであり、確実な数字ではない。収益はもう少しごまかしが利かないかもしれないが、売上をいつに計上するかはやり方次第である。うまくすれば、四半期の目標達成に利用できるかもしれない。

会計や財務報告はいろいろと細工できるし、巧妙にやればますます工夫の余地が広がっていく。新商品開発のサイクルタイムはいつから開始とみなすか――アイデア段階のときか、予算がついたときか、それともプロジェクトマネージャーが任命されたときか？　研修室の備品の経費は、社員1名あたりの研修費に含んでもよいか？　欠陥製品の数には、再加工して規格を満たしたものも含まれるのか？

まさに決め方の問題で、どうにでもなることがわかるだろう。しかも、そのような定義を毎年変更することにより、問題が改善されたように見せかけることもできる。たとえば、ある年は再加工済み製品も欠陥品に含み、翌年は除外すれば、欠陥品は激減したことになる（しかし、くれぐれも資料の表の下には算出方法の変更について小さく注を入れるのをお忘れなく。**詐欺容疑で告発されないように！**）。

評価項目が無限に増えていく

このような手口の横行に対し、企業が対策を講じることもある。戦略目標を達成するためにもとからあった評価指標のほかに、新たな評価項目を加えてバランスを図るのだ。

営業の例を見てみよう。営業のコミッションは、利益率を犠牲にしてでも売上目標を達成することで得られる。そこで今度は、利益率も評価基準に加えるのだ。

すると、営業職員は利益率の高い商品を積極的に販売しようとする。いっけんよいことに思えるが、価格の安い商品は売ろうとせず、高いものばかり売りつけるようになる。そのせいで顧客は無理やり高い品物を買わされ、すっかり気分を害してしまう。頭にきた顧客は、競合他社の商品を買うようになる。

あるいは、利益率ではなく顧客満足度を評価基準に加えた場合を考えてみよう。この場合、利益率がそこそこの商品を売っても、営業はインセンティブをもらえない。会社にとっては痛手でも、元値ギリギリくらいで販売することによって、売上高も顧客満足度も向上する。

したがって、理にかなう唯一の方法は、売上と利益率と顧客満足度で評価することだ。すると今度は返品を増やすことになる。返品を無条件で受け付けると、顧客の購買意欲が高まるからだ。ならば返品率の低さも評価基準に加えよう。

さて、この調子でやっていたら、評価基準と目標が際限もなく並ぶだろう。戦略目標への集中や優先順位づけなど忘れ去り、やったことはただひとつ、評価だけだ。さらに悪いことに、毎年の評価基準には入っていない長期的な目標や業務は置き去りになる。そうなれば、従業員たちが会社の長期的な将来を見すえてがんばろうとする動きはなくなってしまう。

問題は「最適化」ではなかった

以上の例は評価システムの陰で横行する手口や故意の操作を示している——最悪のシナリオだ。しかし、細工や操作がまったく行われず、評価される社員も違反をしないという最良のシナリオでも、このような評価システムは意図したこととは正反対の結果を招いてしまう。

ある大規模サプライチェーンのリエンジニアリングプロジェクトを担当していたとき、私は相反する指標について興味深いことを学んだ。そのクライアントはサプライチェーンに典型的な問題を抱えていた——在庫過剰でリードタイムも長く、多くの注文は納品が遅れ、取引先を怒らせていた。しかも、プロジェクトが始まって数週間後に、主力工場が火災で焼失してしまったのだ。そのため生産量は激減し、みんなパニックに陥った。

コンサルタントのうち何人かは、プロジェクト業務よりも当面の緊急対策を手伝ってほしいと依頼された。そこでその後の数週間でコンサルタントは対策のプロセスを確立し、取引先に連絡を取り、注文内容と納期について交渉し、外部委託業者とも協力して製品を生産し、どうにか調整後の納期に間に合うよう発送を行った。これにより過剰在庫は予想通りなくなったが、そのうえリードタイムも短縮し、納品も間に合い、取引先からの入金も早まった。こうして売上は減ったものの、取引先の満足度や利益が上がったのだ。

利益が増えたのは、以前より売上が減っても利益率が向上したのと、在庫管理費と売掛金が減少したせいだ。

この結果に私は唖然《あぜん》とした。プロセスリエンジニアリングなど行わなくてもすべて改善してしまったのだ。当時の私にはわけがわからなかったが、その後も何年もサプライチェーンのプロジェクトを担当するうちに、なぜセグメント化された大規模プロジェクトでは期待どおりの改善がめったに見られないのか、その理由を突きとめることができた。

組織が機能しない本当の理由

ではここで、典型的なサプライチェーンを例に説明しよう。典型的な評価基準が用いられ、そうした基準を元にした報償によってどういった影響が出ているか。ここでは、先に紹介したような詐欺の類は行われていないとする。

・**営業部門**

営業職員の仕事は商品を売り、顧客から注文を取ることだ。前述のとおりほとんどの場合、営業には四半期ごとの販売ノルマがあり、期末のノルマ達成があやしくなってくると猛烈な追い込みをかける。次の四半期の初めに発注を考えている取引先には、リベートやその他のプロモーションを適用し、今期の締めまでに前倒しに発注をかけてもらう。その結果、四半期末に売上高のピークが生じ、翌四半期の期初《きしょ》には売上高の落ち込みが生じる。

〈結果〉

営業職員は商品の需要にわざとピークと落ち込みをつくっており、値引き等のプロモーションのせいで利益率にも影響が出ている可能性がある。サプライチェーンのブルウィップ効果による厄介な需要の変動も、じつはこうして社内から始まっているのだ。

・**受注／顧客サービス部門**

各注文はコンピューターか人の手によって処理される。いずれにせよ、その目的は注文内容を正しく処理し、いつ納品できるかを決定することだ。処理時間の指標を用いる企業もあるが、ほとんどの企業は数量による評価基準のもたらす危険を承知しているため（大量の注文を処理するのはいいがまちがいだらけ、など）、注文内容の正確性などクオリティに関する指標を好む。注文内容をまちがって処理すると、顧客からの返品を受け付け、注文を処理し直す手間がかかるため、正確な注文処理はとても重要だ。おまけに、まちがった商品が届けば、顧客は気を悪くする。

〈結果〉

受注／顧客サービス担当者は、注文内容にまちがいがないかどうか、しっかり確認するように指示される。そのため慎重になり、顧客や営業担当に注文内容を再確認する場合も出てくる。そうすると時間がかかり、オーダーリードタイムの短縮という目標からは離れてしまうことになる。

・倉庫部門

商品の在庫があれば、倉庫ではその商品を取り出し、出荷の準備をする。在庫管理には微妙なバランスが必要だ。在庫過剰になると、売れていない商品のための保管料などの経費がかさむだけでなく、長いこと倉庫の棚で眠っているうちに商品が旧モデルになってしまう恐れがある。いっぽう在庫が不足すると、在庫切れを起こす恐れがある。そうなったら商品の生産が追いつくまでは顧客から注文があっても商品を発送できないため、販売機会を逃す恐れがある。したがって在庫管理者は、商品の生産にかかる日数やオーダーリードタイムを計算し、需要のばらつきも考慮したうえで、手元に置いておくべき在庫数量を割り出すのがふつうだ。

商品の需要にそれほど大きなばらつきがなければ、急な需要の変動に備えるための安全在庫はあまり多くは必要ない。しかし、需要にばらつきがある場合は、需要のピークに備えて十分な在庫を用意しなければならない。また、商品の生産に時間がかかる場合も、在庫を多めに持っておく必要がある。けれども、在庫が増えればそれだけ維持費もかさみ、売れないまま旧型になってしまうリスクも増える。理想的には、需要が安定し、かつオーダーリードタイムが短い状態が望ましい。

〈結果〉

通常、在庫管理者は在庫がだぶついた場合より、在庫切れを起こした場合に処罰を受ける。それでつい安全な側に傾きすぎ、需要のピークに備えて過剰な在庫を発注してしまう。そのため、倉庫にはたいてい実際に必要となる以上の大量の商品が置かれており、値引き販売の促進につながってしまう。

・生産部門

工場が何よりも心がけているのは、需要に応えるために十分な製品を生産し、製品の品質を維持し、コストを抑えることだ。ということは、工場は理想的にはほぼフル稼働の状態であるのが望ましい。通常、水道光熱費や作業員の給与などの工場の間接費はすべて製品のコストに織り込まれているので、製品を多く生産すればするほど製品あたりの製造コストは下がる計算になる。

〈結果〉

工場長は機械の稼働時間、生産量、製造コスト、製品の品質などの項目で評価される。そのため注文内容と合っているかどうかはともかく、できる限りたくさんの製品を生産しようとする。

・物流部門

最後に、発送の準備ができた商品は物流部門へ送られる。そこでトラックに商品が積まれ、納品先へと発送される。通常、この部門は運送費によって評価されるため、物流管理者はトラックをできるだけ満載にしようとする。そのため、ときには同じ納品先に送る荷物が集まるまで、積み荷ドックに荷物が置いておかれる場合もある。各地へ向けて積荷を満載にしてタイムリーに発送するのは、時間厳守とコスト削減を天秤《てんびん》にかけたパズルのようなものだ。

〈結果〉

物流費を低く抑えるには、納品先の同じ荷物が集まるまで発送を待つことになる。

そのため、全体のリードタイムは延びてしまう。

正しく動くと評価されない

各部門は一般的に以上のような方法で評価される。しかし、商品の受注から納品までの全体のプロセスから見れば、目標とそれに対する評価基準は、予定どおりに納品できた注文の数と、受注から納品までのリードタイムと、顧客満足度の3つになる。すべての部門は注文内容をできる限り迅速かつ正確に処理すべきであるのに対し、それで評価されることはほとんどない。それどころか、部門同士の思惑が食い違い、軋轢《あつれき》が生じてしまうのだ。まとめれば次のようになる。

・営業がわざと需要のピークと落ち込みをつくるせいで、需要のばらつきに備えるために大量の在庫が必要になる。在庫切れになったら商売にならないので、営業はとにかく在庫切れを恐れ、在庫を多く抱えたがる。

・工場長は製品単位原価を抑えるため、できるだけ大量の製品を生産しようとする。これは在庫数を低く抑えようとする動きとは食い違う。また、機械の稼働時間を最大限に延ばしたいという希望は、できるだけ早く納品しようとする動きと食い違う。急な注文に対応するために機械をいったん止めるのも工場長は嫌がる。

・受注／顧客サービス担当者は、注文を正確に処理するために注文内容の確認をしっかりと行いたいが、そのためオーダーリードタイムは延び、在庫も増えてしまう。

・物流部門はトラックを満載にして出荷しようとする。そのため、やはりオーダーリードタイムは延び、在庫も増える。

・倉庫や財務部などコスト管理の責任者は、売れ残って旧型モデルになりそうな大量の在庫を抱えて在庫保管費がかさむのを嫌がる。

部門ごとに分かれ、別々の評価基準を設けることによって、異なる部門で働く人々の思惑が食い違い、軋轢が生じてしまう。各部門の人が自部門の評価基準の最高レベルを目指すあまり、他部門の利益を犠牲にしてしまうのだ。

しかし、火災に遭った工場のケースでは、サプライチェーンの全員が「**納品を間に合わせる**」という目標のもとに力を合わせた。物流費などいくつかの評価指標は、納品を間に合わせるという全体目標のために犠牲にならざるを得なかった。危機に直面したせいで、会社は最重要の目標を優先させ、サプライチェーン全体で協力し合うしかなかったのだ。

指標の導入で「無意味な仕事」が増える

なぜ部門ごとに相反する評価基準を設けるのだろうか？　数値による評価システムは企業全体の戦略目標にもとづいて設定されるべきではないだろうか？　しかし、そこでまず問題となるのは、たとえばもし全社員が「納期を守る」という取り組みだけで評価されたら、成果測定されない他の指標は管理できなくなってしまうことだ。納期を守り顧客満足度を向上させるという目標達成のために、製造コストや倉庫管理費や物流費はとんでもなく跳ね上がってしまうだろう。

第二の問題は、当人たちの力の及ばない事柄で仕事が評価され、報酬が決まるのは、フェアではないことだ。

たとえば受注／顧客サービス担当者は、注文処理と顧客満足の点で重要な役割を果たしているが、在庫の量や製品生産のタイミング等は顧客サービスの管理下ではない。したがって、顧客サービス担当者がいくらがんばっても、在庫切れが起これば顧客満足度は下がり、目標を達成できなくなる。だから、報酬を評価基準の達成度に直結させるなら、たとえ会社全体の目標と食い違おうと、評価基準や目標は部門の管理下にあることで設定すべきということになる。

それで結局は、どういうことになっているだろうか。企業の戦略目標と整合性のない個別の評価基準が設定され、優先順位もなく乱立している。どの部門の評価基準も同じように重要だとすれば、ほかの何よりも重要な基準がないということだ。これでは、企業にとって最も重要な戦略目標のもとに一致団結するのとは正反対である。

さまざまな駆け引きが行われ、部門間に軋轢が生じるばかりか、評価基準や目標に振り回され、データ収集や検証や報告に追われてばかり。

だが、そんなものは解釈の仕方や操作によってどうにでもなってしまう。そんなことをしても何の価値も生まれない。新商品の開発や売上の向上やオペレーションの改善に貢献できるわけでもない。

その結果は、評価指標を導入する以前とちっとも変わらず、目標の優先順位もなければ協力もしない状況だ。

逆に、成果測定システムを実施するための、何の価値も生まない作業だけは増え、従業員が自分たちで考え、対立し合う目標の落としどころを見出す能力を奪ってしまう。

その目標が「判断力」を奪う

我々コンサルタントが、このカスケード型業績評価指標に対する認識を誤ったのは、そもそも「人びとはどのように、なぜ働くのか」をちゃんと理解していなかったからだ。

コンサルタントは最高の学歴を持ち、人一倍努力する連中ばかりだから、自分たちが仕事を見事にやり遂げたときにやりがいを感じるのはよくわかっている。でも、ほかの人たちは？　おそらく一般企業の平均的な従業員が会社の利益のために働くようにするには、アメかムチ、あるいはその両方が必要だと我々は考えた。まさかそういう人たちも、目標を達成したり、価値を生み出したり、チームのために貢献することにやりがいを感じるとは思いもしなかったわけだ。

当時の経済理論では、人びとは金儲けなど自己の利益のためにのみ行動することになっていた。**しかし、そんなわけはない**。それが真実ならチャリティー活動や、ウィキペディアや、オープンソースソフトウェアや、コミュニティーボードをはじめとする無数の利他的な行為が存在するはずがない。

我々は、目標の評価基準にもとづいて報酬や罰則を設定してしまうと、社員は会社の利益を犠牲にしてでも自己の利益を追求しようとするということをわかっていなかった。社員がなりふり構わず目標を達成するように我々コンサルタントが仕向けてしまったのだ。このように、個人の数値目標を設定すると、会社全体の大きな目標とのあいだに食い違いが生じてしまう。

我々のもうひとつの勘違いは、それもおそらく傲慢さのせいだろうが、従業員はおとなしく目標に従い、罰を受けても制度に逸脱した行動をとることはないと思っていたことだ。個人の目標が会社の目標と相反する場合でも、社員は大義のために行動し、詐欺などの破壊的行為には及ばないだけの正しい判断力を持ち合わせているものと想定していたわけだ。

だから、営業職員が顧客に対し無理やり商品を売りつけたり、バスの運転手がバス停を無視して通り過ぎたりしたことは、企業の幹部にショックを与えた。いったいどうしたんだ？　彼らはまともな判断ができないのか？

けれども機械のようにこき使われるばかりでは、自分たちで判断を下す余地などない。具体的な指示と数値目標を与えられ、つべこべ言わず徹底的に、つまりは何も考えずにただ目標を達成するよう命じられるこのシステムそのものが、人間の判断力を失わせるように設計されているのだ。

「測定可能な目標」が弊害を起こす

評価基準が存在しなければ、経営陣は社員が正しい決定をして正しく業務を行うだろうと、社員の判断力を信頼するしかなくなる。そして在庫管理者と出荷係は、在庫を増やすことや、トラックの積荷が満載になるまで出荷を遅らせることの費用対効果のバランスを、自分たちでしっかり考えなければならなくなる。

私の経験では、サプライチェーンの業務オペレーション改善に成功したのは、いずれもクライアントの社内の関係者全員を集めて優先事項を決定し、妥協点を探ることができたケースだった。会社の最重要目標はコスト削減なのか、それとも顧客満足度の向上なのかを社員が理解することは、当然ながら役に立つ。方向性が示されれば、人はどうすべきかを自分たちで判断できるものだ。

おかしなことに、意思決定から人間の判断を取り除いてしまうと、結果的に賢明とは言いがたい判断が下されることになる。業務オペレーション改善のポイントは、それぞれのオペレーションから人間の判断を取り除くことではなく、オペレーションを行う人間の判断力を向上させることにある（その判断力こそ、かなり向上させる必要のある場合が多い）。

評価指標についてしっかりとわきまえておくべきなのは、**指標は手段であって目的ではないことだ**。数値目標が悲惨な結果を招いているのは、それが会社にとって本当に重要な目標に取って代わってしまったからだ。

評価基準は管理職層が参考にすべきものであり、管理の方法になってはならない。しかし、インセンティブ制度に評価基準を絡めて懲罰的《ちょうばつてき》な効果を持たせると、評価指標そのものが目的になってしまうのだ。そのことを最もわかりやすく説明するために、減量の例を使おう。

「やせなければ」と切実に思ったことのある人は多いはずだ。それでは、①「半年で10キロやせる」という目標と、②「体力をつけ、心身の健康状態を改善する」という2つの目標を比べてみよう。

ビジネスでは①の期限と目標数値を定めた測定可能な目標を選ぶだろう。けれどもこの目標は、健康上のあらゆる問題に発展するおそれがある。目標達成のために食事制限ができたとしても、おそらくはリバウンド効果で体重は戻ってしまう。運動はどうかといえば、筋肉がつくせいでかえって体重が増えるおそれがある――筋肉のほうが脂肪より重いからだ。5カ月経っても目標体重にちっとも近づいていなければ、食べる量を極端に減らしてしまうかもしれない。だがそんなことをすれば体の代謝作用が悪化し、さらに太りやすくなってしまう。さりとて激しい運動に挑戦すれば、ケガをしてしまうかもしれない。

いっぽう、②の「体力をつけ、心身の健康状態を改善する」という目標には、さまざまな指標を用いることができる――体重、服のサイズ、肥満度指数（ＢＭＩ）、走った距離、持ち上げたバーベルの重さなど、進歩を確認できるものはいろいろある。この目標は無茶をして健康を犠牲にしてしまったら達成できない。

ところが多くの企業は短期的な目標を達成しようとして、そのような暴挙に出てしまうのだ。しかし、②の目標が目指すのは、長期的なライフスタイルの変化である。この目標の何よりも素晴らしいところは、期限もなく、いつまでたっても達成できないことだ。努力はずっと継続しなければならない。終わりなどないのだ！　たゆまぬ改善というのはそういうものである。

「革新的な製品」が生まれない仕組み

このように評価基準に振り回されて味わう最大の皮肉は――どんなに立派でも、はっきりと眼に見えない長期的な目標など達成できるわけがないと決めつけ、測定可能な期限つきの目標に置き換えることで――自分のせいで最初の目標を達成できなくなってしまうことだ。何しろ本来の目標を別の目標にすり替えてしまったのだから。

バランススコアカードも、それに付随するさまざまな指標も、最も重要な目標の達成には役立たない。なぜなら、それらを用いることによって、望んでいる目標が望みもしない目標にすり替わってしまうからだ。

「斬新で革新的な家電をつくりたい」と思っている企業が、「ではそれを測定可能な表現にしてみましょう」とコンサルタントからアドバイスを受けたとする。たとえば「年末までに斬新で革新的な商品をX個つくる」といった感じだ。このシナリオはさきほどの減量か健康的なライフスタイルかの問題に相当する。つまり、目的がまったく異なるのだ。後者の目標で最も重要なのは「期限」と「数量」であり、「斬新で革新的」という部分は二の次になってしまう。あげく、とても革新的とは言えない新商品が次々に登場する。その企業が本来望んでいたこととは正反対の結果だ。

最も腑に落ちないのは、マーケットシェアや収益その他の財務目標において、数値化した利益の実現を掲げて発表している企業の経営計画だ。経営陣も株主も実際にそんなことを望んでいるのだろうか？　本当は、長期にわたって存続できる、活力のある健全な企業にしたいと望んでいるのではないだろうか？

数値で設定される評価基準に振り回されないようにする最も単純な方法は、インセンティブ報酬やその他すべての賞罰から指標を切り離すことだ。そうすれば目標は測定可能なものである必要もないし、企業はたんに評価基準を満たすための短期的な目標ではなく、本当に望む目標を追求することができる。

評価基準は洞察を得たり知識を高めたりするのには役立つが、目標になってはならない。さもないとそれ自体がマネジメントのシステムになってしまう。評価基準には優れた決断はできない。優れた決断ができるのは人間だけだ。社員が優れた決断を行うためには、社員が会社の最重要目標と優先課題をしっかりと理解できるようにし、判断力を磨くためのツールや知識を持っているようにすることだ。評価基準はそのために役立つかもしれないが、評価基準がマネジメントの方法にすり替わってしまっては本末転倒である。

私はいまは指標についてディスカッションする際に使用するパワーポイントのスライドをこのようにアップデートしている。

・従業員は評価基準に合わせようとする！　評価基準を操作してしまうことすらある！
・指標スコアカードは自動車のダッシュボードと同じ。**ダッシュボードだけ見て道路を見なければ、衝突してしまう！**

第4章

「業績管理システム」で士気はガタ落ち

――終わりのない書類作成は何のため？

マッキンゼーコンサルタントの(大外れの)予言

80年代と90年代には戦略や業務プロセスのコンサルティングが盛んだったが、21世紀に入ると「**人的資産管理(ヒューマンアセットマネジメント)**」が注目されるようになった。戦略、プロセス、評価指標フレームワークという指揮統制構造を完成させる最後の部分は、それを実行する人間というわけだ。

企業の従業員管理は最初、「人的資産管理」あるいは「人的資本管理(ヒューマンキャピタルマネジメント)」と呼ばれていたが、やがて「人的資産」という言葉の持つニュアンスを嫌って「タレントマネジメント」と呼ばれるようになった。「資産」と言うとバランスシート(貸借対照表)の資産項目のひとつのようだからだ。けれどもいまだにその名残で、どこの企業のホームページや年次報告書にも「当社の最大の資産は人です」などと謳われている。

人的資産管理システムには、業績管理、インセンティブ報酬制度、能力開発、キャリア計画、リーダーシップ養成、キャリア/リーダーシップ・コーチング、サクセッションプラン(次世代人材プールの育成)、学習管理など、人材に関するさまざまなプロセスやメソッドが含まれる。

この章では業績管理とインセンティブ報酬制度のみを取り上げ、その他については次の3つの章で扱うことにする。

戦略開発やプロセスリエンジニアリングのコンサルティングも盛況だが、タレントマネジメントのニーズに応えるソリューションサービスを提供するコンサルティング会社やコーチング会社やソフトウェア会社の多さには圧倒されてしまう。

そういう会社のウェブサイトやタレントマネジメントの販促パンフレットのコピーときたら、〝タレントマネジメントを行わなければ取り残されます〟とばかり、危機感を煽《あお》っているのが気に入らないが、そういう風潮が生まれたきっかけは、2001年に出版された『ウォー・フォー・タレント』（エド・マイケルズ他著、翔泳社）だ。

著者はマッキンゼーの3名のコンサルタントで、「**人材獲得・育成競争**（タレント・ウォー）」という用語はマッキンゼーが造り出し提唱した。当時はドットコムバブルの真っ只中で、若い世代が就労年齢に達する前にベビーブーマー世代が定年退職の時期を迎えるため、企業は今後数十年、人材面で危機的な状況に陥り、重要なリーダーの役割を務める人材が不足する、という想定のもとに書かれている。もちろん、著者たちは2008年に経済危機が起こり、若い人たちの就職先がなくなってしまうなんてことは予測していなかった（まったく、だから「未来を予測するなんてムリなのよ！」と言ってやりたくなる）。

育児雑誌のように恐怖をあおる

失業率が上がったいまも、あいかわらず人材不足の危機を懸念する風潮が存在する。「タレントマネジメントを実施しなければ、企業は将来のリーダーを発掘して育成することができず、優秀な人材はことごとく競合他社に奪われ、やがて衰退し滅びていく」といった調子だ。まるで「このとおりにしないとお子さんは大変なことになりますよ」と母親の恐怖心をあおる育児雑誌のようだ。「会社を危機に陥れたくはないでしょう?」と感情に訴えようとするのは、理性的に考えればそのようなタレントマネジメントの方法論の多くはまったく意味をなさないからではないだろうか。

競争戦略からコンピテンシー〔成果の高い人材の行動特性〕開発まで、マネジメントの方法論はじつにさまざまだが、**企業や従業員の人生に最もダメージを与えたものをひとつだけ選ぶとすれば、現代の業績管理システムが断トツだろう。**

現状、このシステムは自動化されており、従業員の業績考課に目標と評価基準を落とし込む。それにより従業員の総合評価を行って、最終的にはインセンティブ報酬の決定に結びつく仕組みだ。従業員に関するさまざまなパラメーターを入力し、リンクをいくつかクリックするだけで、各従業員の実績がいくつかの数値に凝縮され、会社における将来のキャリアが決まってしまう。このようなシステムが生まれたきっかけとなる本や方法論はとくに思い当たらないが、おそらく目標の達成と報酬を結びつけた「**目標による管理（MBO）**」から発展したものだろう。そこへ誰かがコンピテンシーと開発計画を加え、全体が自動化されたというわけだ。

私がMBOに出会ったのは90年代の初めで、戦略とプロセスワークを含むビジネストランスフォーメーションプロジェクトを担当していたときだった。数値目標を掲げた戦略目標を設定し、それを個人の業績指標に落とし込むことはすでに行われていたが、このプロジェクトでは初めてそれを報酬に直結させ、「業績給制度」と呼んだ（専門用語ばかりで恐縮だが、この分野は専門用語がやたらに多い）。

また、このプロジェクトでは初めてすべての業務をバランススコアカードにもとづいて行った。そのクライアントにとっては幸いなことに、自動化ソフトはまだ開発されていなかったので、紙ベースで、経営トップのみを対象に行われた。

人事コンサルティングチームから、目標達成度にもとづいた報酬システムを立ち上げるという話を聞いたとき、私は夢中になった。目標達成度と報酬を直結させる試みは、ほかのプロジェクトでは経験したことがなかったし、それができれば、組織全体がやるべきことをきちんとやるだろうと思われた。

このやり方でいけば、クライアントはこちらの提言どおりに実行しなければならない。さもなければボーナスがもらえなくなるからだ。完璧ではないか！　しかも、コンサルティングファームにとっても大変都合がよかった。人事コンサルティングチームが報酬制度や目標開発、業務評価プロセスを設計するあいだに、戦略コンサルタントの片腕である業務コンサルタントたちも呼び込んで、評価指標や目標策定、データ収集やレポート作成のプロセスを開発する。そして、ＩＴコンサルタントがそのプロセス全体を自動化するのだ。

その後の10年で、業績管理システムはピープルソフトやＳＡＰなどの大手ソフトウェア企業や、サクセスファクターズやハロジェン・ソフトウェアなどの人材管理専門ソフトウェア会社によって広まった。その導入にたずさわったコンサルティングファームも一役買ったと言えるだろう。いまでは大手企業で働いている私の知り合いの誰もが、何らかの形で業績管理システムによって評価されている。

自らつくった「業績管理システム」で大混乱

２０００年、私はコンサルティング業界を去り、フォーチュン１００社に選ばれたある大企業に就職した（会社はその後、２００７年に別の企業に買収された）。そして、コンサルタント時代に自分も導入にたずさわった業績管理システムが巻き起こす大混乱を、私はここで身をもって経験することになった。

この会社は買収前も買収後も、自動化された業績管理システムを使用していたが、毎年、年末の6週間は業績考課にかかりきりだった。この業務は、新しい商品やサービスの開発に貢献するわけでもなく、顧客の役に立つわけでもない。

だが毎年、11月の後半と12月いっぱいは部下全員について手間のかかる業績考課表に評価を記入し、ほかの人が書いた評価コメントをチェックして承認し、一日がかりの会議に何度も出席しては各従業員の評価スコアについて細かいすり合わせを行い、順位付けを行って業績優秀者を割りだしたら、その後は重点目標達成度やリーダーシップコンピテンシーの習得度、同じランクの従業員との比較などにもとづき、業績管理システムによってはじき出された数値から各自の最終的な評価点数をそれぞれの上司に通知しなければならない。

本来は企業戦略を推進するための方法だったはずが、**いつのまにか従業員を在庫品のごとく評価し、レッテルを貼り、追跡記録するシステムと化してしまったのだ。**「人的資産管理」などと呼んだのもうなずける。まさにそのものズバリだ！

理論上は非戦略的な業務をなくし、従業員の足並みを揃え、やる気を出させるための素晴らしい方法論だったはずが、実際には真逆の効果をもたらした。この方法論はあまりにも多くの点でインチキで、どこから欠点を数え上げたらよいかわからないほどだ。

この方法論の前提は、人がやる気を出すのはお金のためだけで、従業員は上司に評価され成績をつけられることでがんばって業績を上げようとするということと、このシステムはフェアで客観的であり、自分に有利になるように操作する者など存在しないということだ。仮にそんな前提がぜんぶ真実だとしても、このシステムを実施・運営し維持するために費やされるとてつもない労力と時間とコストを考えただけで、こんなシステムには反対したくなるのが当然だ。

あけてもくれても「書類」をつくる

では、このタイプの報酬システムを企業で実施した場合、どんなことが起こるかを考えてみよう。運営は全社で徹底してフェアに行われるものとする。

通常、最初のステップでは、職務等級と業績レベルに応じて昇給やボーナス、ストックオプションや株式付与が決定される（もっといいのは、最初のステップで代わりにそれをやってくれるコンサルティングファームを雇うこと）。たとえば新しい報奨制度では、業績が十分なレベルに達したマネージャーには一定の割合のボーナスと昇給、株式やストックオプションが付与されるとしよう。

ずいぶん簡単に聞こえるが、そのためには全社の職務等級のレベル感が統一されているのが前提だ。しかし私の経験では、同じマネージャーという役職でも、部門によって職務内容のレベルにばらつきがあるのがふつうで、複数の事業を展開している企業の場合には、いっそうその傾向が見られる。合併買収を繰り返して規模を拡大した企業の場合は——まじめな話、どこもそうだが——おそらく職務等級のレベル感はバラバラになっているはずだ。

したがって、企業では全社で標準化した職務等級の適用を徹底させるか、少なくとも現行の職務等級をグループ分けして標準化を図る必要がある。完全にフェアにするには、それしか方法はない。

役職と職務等級の標準化を経験した人ならわかるはずだが、これは人びとの感情が絡み合う政治的なプロセスだ。全社員の職務等級を設定するだけでもひと苦労なのに、社員のあいだにはどうしても不満が湧き起こってしまう。「シニアマネージャー」が「マネージャー」に降格されたらおもしろいはずがないし（逆のケースはめったにない）、「アソシエイトディレクター」の職務等級が「シニアマネージャー」と同等にされて喜べるはずがないだろう。**出世の階段をひとつでも多くのし上がろうと、長いあいだ必死にがんばってきたのに、その努力が削除キーの一押しでデータも**

ろとも消え去ってしまうのだ。

第2のステップでは、業績考課の書式および評価方式を標準化する。やはり、部門同士が縦割りで横のつながりのない企業や、合併買収を繰り返した企業の場合は、社内で使用している書式や評価方式もバラバラであることが多い。10段階評価を希望する部門もあれば、5段階評価がよいという部門もある。統一されたシステムと管理手法を導入するには、やはり全社をあげて取り組む必要があるが、部門間で相手をなだめすかしたり妥協したりしながら、これをやりとげるには2カ月ほどかかる。

第3のステップでは、従業員の目標設定の時期をいつにするか、全社目標から個人目標へどのように目標の落とし込みを行うか、考課はいつまでに行うか、賞与の支払時期はいつにするか、など各プロセスを決定する。最終段階として、新しいプロセスや実施時期や使用する書式について全社員に周知し、必要に応じて研修を行う。

しかし、この書類ベースのシステムを実際に運営してみると、問題点がいくつも浮かび上がってくる。

・目標設定の仕方がバラバラ。簡単に達成できる目標をつくるコツをわきまえている社員もいる。いっぽう、定量化や達成度の測定が難しい目標もある。また、部下に対する期待も上司によってかなり異なっている。目標設定のための統一された方法が必要だ。

・業績は非常に主観的である。ある上司は「期待どおり」と判断する業績でも、別の上司なら「期待を上回る」と評価する場合もある。これについても何らかの統一が必要。

・年度初めに目標を設定して年度末に評価する方法だと、ビジネスの状況の変化に応じて柔軟に対応するのが難しい。社員が途中で目標を変更できるようにすべきだが、変更する場合は必ず上司の承認を得る必要がある。さもないと、すでにやり終えたことを目標に設定する社員が続出し、目標設定の意味がなくなってしまう。

・設定した目標を年度末まで見直す機会がないと、目標を達成できなさそうな場合でも軌道修正する機会がない。上司と部下は年に2回以上は目標の見直しを行う必要がある。

・大量の書類を記入し、管理しなければならない！

面倒なうえ「能率」も落ちていくばかり

この段階で、ほとんどの企業はこのプロセスを書類ベースで管理するのは無理だと気づく。いまでは専用のソフトウェアがいくらでもあるので、このプロセスはまず自動化される。だがそうなると、今度はＩＴシステムを導入し、前述の問題点を解決するための新しいプロジェクトを立ち上げ、次のような新しいイニシアチブを実施する必要が出てくる。

・情報システムの開発あるいは購入（これにはＩＴコンサルタントが必要）。
・新しいシステムに必要なインフラの構築。開発、保守、ユーザートレーニング、サポート等に必要なハードウェアおよび要員も必要。
・ＳＭＡＲＴ目標の書き方について全社に周知し、研修を実施。
・マネージャーを対象に、公正な業績目標評価を行うための研修を実施。
・全部門による会議ですり合わせを行うなど、公正な評価作業を実施するためのビジネスプロセスを設定。
・公正な目標設定と評価、および情報データの正確さを全社で徹底するため、人事部に指揮統制機能を持たせる。
・定期的に目標の見直しや軌道修正を行う。そのための書式も必要。

さて、その結果とは？

なにしろ組織全体でとてつもない時間をかけて、目標の設定や見直しや修正を行い、SMART目標と呼べるものになっているかを確認し、修正後の目標を承認し、その時点までの業績をまとめ、マネージャーたちと業績のレビューを行い、評価調整会議で部下たちの評価スコアを比較して、全体として通常の分布曲線を描くようにばらつきを調整するため、再度ランク付けを行い（そこでまたもや各人の目標や評価の見直しが必要になる）、そして最後に情報システム上で当期評価結果の総括の承認を行うのである。業績評価システムの情報内容の更新と整備も忘れてはならないし、当然ながら情報システムの使い方をおぼえ、決まった手順どおりに実施しなければならない。

基本的に、管理職は第4四半期の大半はこの作業にかかりきりになる。半年ごとに評価を行う場合は、さらに夏期にも2週間必要になる。このような評価プロセスのせいで何週間もほかの仕事が捗《はかど》らないばかりか、システム管理やヘルプデスク対応や全社の評価データの統合作業などで、人事とITの人件費という形で間接費が加算される。システムのハードウェアとソフトウェアの費用も継続的にかかってくる。最悪なのは、マネージャーが評価のためのペーパーワークと会議に忙殺されて直属の部下とふれ合う時間が減ってしまうことだ。

業績給制度のポイントは何だっただろうか？　すべての従業員を全社目標に集中させ、組織全体で戦略を実行することだったはずだ。しかし実際は、事務作業の負担が大きすぎて戦略を実行するどころではない——**目標を管理しインセンティブ制度を実施すること自体が戦略だというなら話は別だが**。

それでも、従業員のモチベーションや士気が上がり、ひいては業績が上がるなら悪くはないが、私の経験では正反対のことが起こる。実際には、このようなシステムはただカネを分配するためのもので、社員にはフィードバックも与えられず、上司が部下を指導する役にも立たない。それどころか、上司と部下がともに過ごす時間が奪われ、一定の基準を押し付けられ、そこへ部下を無理やり当てはめていくだけだ。

公正に見える「不公正」なシステム

これらのシステムのもとになっている前提を見直してみよう。

①これらのシステムは公正で客観的である。
②上司の評価を受け点数をつけられることで、部下の業績は向上する。
③従業員はお金でやる気を出す。
④従業員は制度を悪用しない(この誤りは前章で触れたとおり)。

このようなシステムが少しでも公正で客観的であるはずがない。数値データやチェックリストや公式を使って、いかにも公正で客観的であるかのように見せているにすぎない。

客観的で公正な評価を行うには、SMART目標を用いるのが最適だと思われている。しかし前章で示したとおり、数値目標を設定すれば駆け引きが生まれ、軋轢《あつれき》が生じ、判断が狭められてしまう。

それに現実として、すべての職務がSMART目標の形に当てはまるとは限らない。実際、はっきりと定義できなくて、顧客の要望や競合他社の動向、その他の環境の変化に左右されるものもたくさんある。多くの企業は「お客様や変化する市場のニーズに敏感に対応する」ことを重要な価値として掲げているが、どうやってそのような対応を予測し、評価基準を設けて、個人の目標に加えるというのだろうか?

私が実際に経験した例では、こんな問題があった。部下の女性が、社員のパソコンに関するトラブルのヘルプデスク業務を担当していた。私はその部下の業績を評価するにあたって、彼女にパソコンのトラブル処理を依頼した社員数名からフィードバックをもらおうと考えていた。

ところが、人事部が目標はSMART形式で書くようにと言ってきた。つまり、「1カ月にX件処理した」という項目を加えろというのだが、私は実際に依頼のあった件数を処理すればよいと思っていたし、部下が社員たちに修理や保守を勧めたり、あるいは依頼件数が少なかった場合は部下にペナルティが科されたりするのはよくないと考えた。

すると人事部は、「顧客満足度指標」を取り入れ、依頼した社員を対象にアンケートを行う仕組みにしてはどうかと提案してきた。そうなると、依頼をした社員は全員アンケートに回答しなければならないため、それが面倒で依頼をしてこなくなる（顧客サービスの満足度アンケートって、ホントに面倒じゃないですか？）。

言うまでもなく、部下にはアンケート結果の集計という新しい作業が増え、目標にも加えなければならない。しかし、集計業務を目標に加える件では人事部と相当もめてしまったので、実際にはアンケート集計作業は部下の業務時間において大きな割合を占めるにもかかわらず、業績評価の表向きの割合は小さくせざるを得なかった。部下の立場からすれば、とても公正とは言えないだろう。

「評価」されることでがっかりする

ＳＭＡＲＴ目標のもうひとつの問題点は、部下に対する上司の期待度のばらつきに対応できないことだ。部下に対する期待度がもともと高い人もいれば低い人もいる。

たとえば、ある年にこんなことがあった。ある女性社員が最高評価を獲得したのだが、その理由はいったい何だろう、と私と同僚たちとの間で話題になった。

その社員は新卒で入社して以来ずっとアシスタントを務めていたが、最近、下級のファイナンシャルアナリストに昇格したばかりだった。以前は私のアシスタントだったこともあって気軽に話せる仲だった。そんな彼女がよくこぼしていたのは、今度の上司に無能扱いされているということだった。ずっとアシスタントだったとはいえ、金融業界で20年近く働いてきたのだから、知識も豊富に蓄えている。にもかかわらず、その上司にはまるで未経験者のように扱われていた。

ところがあるとき彼女の部署で、産休や陪審員休暇や病気で同僚がいっぺんに休んでしまい、彼女が四半期中たったひとりで業務を回すはめになった。かなりの業務量だったが、彼女にとっては手に負えないほどではなかった。それくらいの仕事はこれまでも経験してきたのだが、上司は彼女の活躍ぶりに眼を見張った。目標管理システムに登録された彼女の目標は、おもに基本的なデータ入力と事務処理の仕事だったので、あまりにも低すぎた上司の期待をはるかに上回ったのだ。

上司にしてみれば、今回の業績考課の評価スコアを見たら、彼女は飛び上がるほど大喜びして当然だった。ところが本人は、この評価プロセスによって侮辱されたように感じたという。

このように業績考課で最高の評価をもらいながら、かえってやる気をなくしてしまった人もいる。その年、私の部下に、彼女と同じ等級のファイナンシャルアナリストで、彼女よりもはるかに複雑な業務をこなした人がいたけれど、社員全体の評価をすり合わせた結果、その人の評価スコアは彼女よりも低くなってしまった。これも公正とは言えないことだ。このように全員でSMART目標に取り組んでも、不公平で筋の通らないことはいくらでもあった。

「客観的な評価」なんて存在しない

こうした問題は何もめずらしいことではない。むしろ業績考課の会議ではたいていこういうことが起こると思ってまちがいない。このような会議の目的は、社員の目標と評価スコアを客観的に比較し、公平な調整を行い、社員の業績分布が通常の分布曲線を描くよう、体系的に当てはめていくことだ。

しかし、部下の成功を願って一生懸命に指導してきた上司が、はたして第三者のように客観的でいられるものだろうか？　部下が成功するように苦心してこそ、よい上司と言えるのではないだろうか？　実際はみんな私情をまじえずに淡々と評価を行うどころか、我々マネージャーはコンマ何パーセントや0・0何パーセントの数値で争い、「こっちの社員のほうがそっちより上だ」と言って延々ともめたり言い合ったりする。

だが、散々もめている数値によって給料にどのくらい差が出るのかと計算してみると、1カ月あたり10ドル程度にしかならず、いったい何のためにもめているのかわからなくなってしまう。

しかも、直接、金銭報酬のことでもめるのではない。あくまでも評価数値でもめるのだ。うちの部下のほうがそっちの部下より優秀に決まってるじゃないか。なんたって俺の部下なんだから。可能な限り、最高の数値を獲得するのが俺の務めだ——。

公平で客観的なんてとんでもない、あれほど感情的で偏見に満ちた会議はないほどだ。そうなると残念ながら、最も弁舌が巧みで相手を言い負かすマネージャーに軍配が上がる。ディベートのスキルが乏しいマネージャーを上司に持った部下は気の毒だ。

だが、一連の評価プロセスのなかで最も偏見に左右されやすいのは、「評価ミーティング」または「業績考課」と呼ばれる面談だろう。SMART目標やコンピテンシー項目を使っていれば、上司の部下に対する評価は客観的だろうと思いたいところだが、実際には上司の評価は複数の偏見に左右されることが、この分野の研究によって明らかになっている。例として次のような偏見が挙げられている。

・えこひいき――自分の気に入っている部下にはより高い評価を与える。
・価値観や人付き合いの仕方が似ている――自分と似ている部下は好ましく、より高い評価を与える。
・年齢、人種、性別による差別――やはりこの場合も自分と似ている人や、既成概念によるイメージの好ましいほうに、より高い評価を与える。
・ハロー効果／ネガティブ・ハロー効果――ある分野におけるよい業績あるいは悪い業績が、関係のない、ほかの分野の業績に対する評価に影響を及ぼす。たとえば、無精ひげを生やしているだけで、スピーチは苦手だろうと思われたり、決めつけられたりするなど。
・自分自身の処遇――自分に与えられた評価を基準に、部下に評価を与える。

自分の価値観がもたらす偏見については、私自身の経験を話すことができる。組織変更後、私はある部署を率いることになったが、前任者は完璧主義者だった。完璧主義は、たいていのことは8割がた達成できればよい、という私の考えとは相反する考え方だ。何でもかんでも完璧にやろうとしたら、とても世の中の変化についていけない、と私は考えている。

ところが部下のなかにも、完璧主義の女性社員がいた。彼女にしてみれば、細部にこだわる仕事ぶりをいつも誉められていたのに、いきなり指導を受けるようになった。いっぽう、もうすこし大ざっぱなタイプの同僚は、以前の上司のときに比べて評価が高くなった。

だが実際には、どちらの社員の業績も変わってはいない。ただ、以前とは異なる基準で評価されるようになっただけだ。そしてその基準は、業績考課の書式に記入されているわけでもなく、上司である私の頭の中にしか存在しない。

業績考課プロセスなど、まったくもって公平でも客観的でもない。それもそのはず、評価や判断というのは主観的なものだからだ。

98%の社員が「自分は真ん中より上」と思っている

企業の業績管理と報酬システムが自動化される以前は、業績管理の目的は、従業員の業績を向上させること、そして従業員の業績を比較する際のベースラインを提供することだった。当時も業績考課はあったけれども、スコア付けはなかったし、報酬に直接結びつくものでもなかった。部下の昇給や総合評価の決定は、上司の裁量に任される部分が大きかった。

だからよい上司につけば、よくできた部分と改善が必要な部分が自分でもよくわかる。上司と部下が本当によい関係にあれば、面談の際も互いに心を開き、よくできた部分とできなかった部分をふり返り、今後どうしたらさらによい形で一緒に仕事ができるかについても話し合える場となった。けれども悪い上司につけば、面談の際は悪いところばかり指摘された（そういう人はおそらく自分も過去に同じ目に遭ったせいで部下に当たってしまうのだろう）。

そもそも、他人に評価されること自体に不自然なところがある。職場以外のどんな場で、相手の能力を評価したりするだろうか？　私はプライベートでは年次業績評価などなしで20年以上結婚生活を送ってきた。じつは一度だけ10代の息子たちにやってみたけれど、残念ながら効果は見られなかった。問題は、考課の面談はどうしても上からものを言う形になってしまうことだ。あくまでも上司のほうが判断力に優れ、部下にとって何が望ましいかを本人よりもよくわかっているという前提のもとに行われる。社員本人による自己評価は、最終評価においてはあまり意味を持たない。

最終的な業績考課が評価スコアという点数によって示されると、どうしても上司が上からものを言う調子になり、部下の価値を判定してやろう、という感じになってしまう。ＳＭＡＲＴ目標やコンピテンシー項目や加重平均のおかげで客観的な考課に見えるものの、実際にはきわめて主観的なプロセス以外の何ものでもない。

こんなものはとんだ猿芝居であり、インチキにすぎない。最悪なのは、評価スコアのせいで、上司と部下で本当に意味のある会話ができなくなってしまうことだ。部下が何よりも知りたいのは評価スコアで、そのまえに何を言われようとほとんど耳に入ってこない。評価が気になるあまり、どうやったら一緒にもっとよい仕事ができるか、という実のある話ができなくなってしまうのだ。

そして残念ながら、ほとんどの社員は評価スコアを聞いてがっかりする。このシステムでは社員の業績分布を釣鐘曲線に当てはめて業績の高い者と低い者を割り出すため、大部分の社員は平均ランクということになる。

これは私たちの自己評価とは大ちがいだ。私たちは誰でも、自分は平均より上だと思っている。これは裏付けのある認知バイアスで、「平均以上効果」「寛大化傾向」「優越バイアス」「レイク・ウォビゴン効果」などと呼ばれている。

トム・コーエンズとメアリー・ジェンキンスは、共著『業績考課を廃止せよ(*Abolishing Performance Appraisals*)』(未邦訳)において、こう述べている。「社員のほぼ全員が自分のことを優秀だと思っている。だから業績考課の評価やランク付けが最高のレベルでない限り、がっかりしてしまう。実際、社員の98%は自分の業績は上から半分以上には入っていると考えており、しかも80%の人が自分は上位4分の1に入ると思っている」

なぜ「考課」で業績が落ちるのか？

優秀な社員ほど、平均だなどと言われて喜ぶはずがない。さらに困るのは、平均以上の評価をもらっても、最優秀の社員には納得がいかないことだ。

私がとくに優秀だった部下と業績考課の面談を行い、彼女の評価スコアは5ポイント中4・15だと告げたとき――その会社ではほとんどの社員の評価スコアは3ポイントだったので、それを考えれば天文学的な高スコアなのだが――彼女はなぜ5ポイント中の5ではないのかと食い下がった。いったい何が悪かったのか教えてもらいたい、というのだ。

そんなわけで、よかったところや改善の余地のあるところ、一緒にやり方を変えてみるべきことなどについて話し合うこともできず、私はひたすら数字について噛み砕くように説明し、4・15がいかに素晴らしい評価スコアであるか、そして実際、5ポイント中5ポイントを獲得する人などいないということをわかってもらおうとした。だが、彼女はそれから数日間、ずっとふてくされていた。これもまた、高評価をもらったのにやる気をなくしてしまったケースだ。

こんなふうに熱心に仕事に打ち込んでいた社員が、このプロセスのせいでやる気をなくしてしまった姿を、私はイヤというほど見てきた。前述（150ページ）の「前提②」はまちがっており、社員の業績は業績考課によって向上などしない。むしろ逆のことが起きている。業績考課のプロセスは、社員の熱意を挫《くじ》くのだ。

日々のふれ合いのなかで指導やフィードバックを行ってこそ、社員の業績は向上する。上司と部下（そして同僚間）のコミュニケーションこそ、業績の向上には欠かせない手段だ。現行の業績管理システムは、ただ書式に記入し、スコアを計算し、ランク付けを行い、カネを分配するだけで、人間関係をおろそかにしている。

多くのマネージャーは、プロセスどおりに考課を行い、部下の長所と短所を評価してアクションプランを示せば、それで管理職としての務めは果たしたと思っている。あとは改善の余地のある部分について多少コメントでもしておけば、一丁あがり。今年はこれで片づいたから、また来年だ。**プロセスがあれば人間関係など必要なし！**

「インセンティブ報酬」は逆効果を生む

考えてみれば、このシステムの最終目的はカネを分配することである。評価が下され、それに応じた金銭報酬が支払われる。あくまでも最終成果はカネの分配なのだ。業績管理システムなど名ばかりで、実態は報酬分配システムにすぎない。先ほどの前提③「従業員はお金でやる気を出す」が思い出されるが、要は、目標達成に報酬を結び付ければ、社員は俄然《がぜん》やる気になって目標を達成するだろう、という考え方だ。

この考え方については、最近、さまざまな文献で意見が述べられており、多くの記事のほかに、アルフィ・コーンの『報酬主義をこえて』（法政大学出版局）とダニエル・ピンクの『モチベーション3・0』（講談社）という2冊のベストセラーのビジネス書でも取り上げられている。

『報酬主義をこえて』は、報酬やインセンティブは非常に短期的な効果はあるものの、長期的には学びを妨げ、もともと持っていたやる気も喪失させることを示している。ダニエル・ピンクは研究結果を引用し、社員は業界平均よりもやや上の固定給を最も喜び、特別手当や株などの付帯的な報酬は、知識労働者にはほとんど効果がないことを示した。

どちらの著者も付帯的な報酬システムは、社員の創造性や仕事に対する熱意を奪い、学ぶ意欲や、社会に価値をもたらそう、いい仕事をしようとする意欲を削《そ》いでしまうと考えている。業務に金銭的な価値を付加することで、はからずも業務自体には価値がないというメッセージを伝えてしまうのだ。

そして、このシステムのもうひとつの影響は、考え方が狭まってしまうことだ。とにかく眼の前の業務のことしか考えないため、役に立ちそうな情報があっても見逃してしまい、既成概念にとらわれない考え方ができなくなる。

つまり、インセンティブ報酬を使って社員のやる気を引き出そうとしてもかえって逆効果になるのは明らかなわけだ。

その方法がうまくいくのは、簡単なマニュアルどおりの作業を早く終わらせたいときくらいだろう。たとえば、部品をより多く完成させた作業員に報酬を与えるなど。しかし、その場合にもリスクは存在する。作った部品の数によって報酬が支払われる場合は、必要のない分まで作ってしまう恐れがあるのはすでに述べたとおりだが、もうひとつの弊害は品質が落ちることだ。

BSCで報酬を出した企業の業績は平均以下だった

インセンティブとモチベーションの関係について述べた有名な例をすべて取り上げるわけにもいかないので、ここでは私の友人の友人で、役員報酬コンサルタントのマーク・ホダックの研究を紹介したい。2006年、マークはS&P500〔スタンダード&プアーズ社が定める米国市場の全主要業種を代表する500銘柄〕に含まれる大企業を対象に、役員報酬の調査を実施し、優れた事例と悪い事例を明らかにした。そのうちのいくつかを紹介しよう。

・バランススコアカード（BSC）の評価基準にもとづいて報酬を支給した企業の業績は、S&P平均を3・5％下回った。評価基準の数が多すぎて、幹部はいずれにも集中できないと感じていた。
・収益増加など、ある特定の評価基準にもとづいて報酬を支給した企業の場合は、その特定の指標に限っては向上が見られるものの、必ずしも利益や株主価値の向上にはつながらない。システムの抜け穴をさがす社員も出てくるため、特定の指標に関する目標を達成できた場合でも、ほかの目標が犠牲になってしまう場合がある。たとえば、収益の増加が見られるいっぽうで利益率が減少するなど。
・ストックオプションや株式の付与では従業員のモチベーションは向上しない。自社株の価値は社員みずからの力の及ばない経済的な要因により変動するものであり、自分の取り組みの成果とは感じられないため。

つまるところ、評価基準や目標を使って社員を統率し、報酬や株を支給してやる気を出させようとする方法が、会社にとってプラスになるという証拠などまったくないのだ。それどころか逆効果であることが証明されている。

多大な時間とカネと労力を費やして、職務等級のレベル感を統一し、パフォーマンス基準や必要とされるコンピテンシーを設定し、評価スケールやボーナス目標や給与目標を取り決め、所定の書式とプロセスを設けて自動化し、必要事項を記入したら、それをもとに会議で全体のすり合わせを行って社員を通常の分布曲線に当てはめ、評価スコアをめぐって議論し、評価スコアに応じて報酬を分配し、社員と面談を行って各自の長所と短所について話し合い、総合評価と報酬を通知するという一連のプロセスは、社員のモチベーションにも会社の業績にも、有害な影響をもたらしている。

いったいなぜこれが経営のベストプラクティスと見なされているのだろうか？　企業経営の専門家が思いついた興味深いモデルに、経営コンサルタントが飛びつき、これはさっそく取り入れようと、実際にどんな結果を招くかなど知りもせず、メリットばかり並べ立ててクライアントを説得したのだ。たしかに、資料の上ではすべてがきっちりとして立派に見える！

業界平均を「少し上回る」給与がベスト

経営関連の施策《しさく》にはまちがっているものや有害なものがたくさんあるが、これだけはただちに廃止すべきである。企業は代わりの方法をあれこれ検討してみるべきだろう。社員の業績管理について、たったひとつのベストな方法など存在しない。

私は報酬については、業界平均を少し上回る給与と単純明快な利益配当計画を提案するダニエル・ピンクの考えに賛成だ。会社の利益が基準値に達した場合は、全員に同じ割合の報酬を支給する。そうすれば「みんなで一緒にがんばっているんだ」という一体感が生まれるだろう。ストックオプションや株の付与は、予期された報酬パッケージの一部としてはありがたみはないが、業務を成功させた際の報酬としては効果的だ。

つまり、加重目標の計算も評価のすり合わせ会議もすっかりやめて、会社が成功したときには全員に同じ割合の利益を分配するのだ。そうすれば、さまざまな駆け引きとも、きれいさっぱりおさらばできる。全員が同じ報酬を得るのだからいたって公平だ。SMART目標も分布曲線も、もはや関係なし。全員が平均より上になれる。

スコア付けや評価をなくせば、上司と部下は協力して業績を向上させるための最もよい方法を自由に決めることができる。押し付けの制度がなければ、上司と部下の面談の頻度も好きに決められる。

私は隔月で一対一のミーティングを行うのが好きだ。ときにはチームで集まってミーティングを行い、チームのパフォーマンスを話し合ったり、プロジェクトの事後検証の機会として利用したりするのもよいだろう。

上司一名に対して部下の数が多すぎる場合は、上司には一人ひとりの部下のことがよくわかるはずもなく、十分な指導もできない。そういう場合は、同僚間でフィードバックを与え合うのがよいだろう。業績考課に費やしていた2カ月は浮いた計算になるから、意義のあるレビューやフィードバックに時間を使えるはずだ。

報告会議を行ったり、節目となるような大きな仕事から学んだことを分かち合ったり、チームの開発会議を行ったり、いろんなことができるだろう。そういうことはいつ行ってもよいのであり、なにも年度末まで待つ必要はない。随時行ったほうが内容も正確でタイムリーになり、実行に移しやすくなる。

社員は自分自身で目標を設定でき、どんなにハードルの高い目標を立てても後でペナルティを受ける心配はない。実際、「目標による管理」というコンセプトを考案したピーター・ドラッカーも、社員が自分で目標を設定するのが重要だと考えていた。**人は上から押し付けられた目標よりも、自分で決めた目標に取り組むほうがずっとやりがいを覚える。**

私自身、頼まれて参加するプロジェクトよりも、自分から手を挙げて参加するプロジェクトのほうが、仕事をしていて楽しい。さらに、マーケットの状況に合わせて目標を変えても、いちいちシステム上で変更する必要もない。もちろん、上司も部下も各自責任をもって、会社の目標を自分の目標に落とし込む必要がある。

システム上で管理などしなくても、マネージャーも部下も会社の目標の達成に向けて努力するはずだと信頼できないのだとすれば、目標の落とし込み以前に、その会社は大きな問題を抱えていることになる。

社員一人ひとりの業績を伸ばすには、各自に合った方法を採るしかない。評価の書式も会議の議題もチェックリストも公式も、すべてが標準化された万人向けのアプローチなど、「標準化された社員」には役に立つのかもしれないが、あいにくそんな社員には出会ったためしがない。

経営陣とスタッフが協力し、会社の目標達成に向けてどのように取り組むべきかを一緒になって考えればよい。そのほうが、社員を在庫品のごとく扱って、スコア付けやランク付けを行い、分類したりレッテルを貼ったりするよりも、よっぽどまともな時間の使い方ではないだろうか。

第5章

「マネジメントモデル」なんていらない

――マニュアルを捨てればマネージャーになれる

「よきマネジメント」とはいったい何のことか？

コンサルタント時代、私は何度もマネジメント研修を担当した。マネジメントスキル研修のニーズは相変わらず高いようだ。「上司に恵まれなかった」「上司とうまくいかなかった」というのが、社員が会社を辞めるおもな理由のひとつになっているから、しっかりとしたマネジメントを行うことは企業にとって重大な関心事である。また、部下の業績を向上させるのは上司にとって重要な務めのひとつだが、たやすいことではない。

だが幸い、この分野にはコンサルタントも大勢おり、マネジメント理論やモデルもたくさんある。私もいまだにコンパクトで便利なクイックレファレンスカードを一式持っている。ずいぶんまえに私がジェミニで開発にたずさわったもので、さまざまなモデルが示されている。

- 行動変容のためのコーチング（5ステップ）
- 効果的なフィードバックの与え方（7項目）
- フィードバックを贈り物として受けとめる（6ステップ）

・傾聴のPACR（言い換え、質問、確認、反応）テクニック
・抵抗に対処するためのAIR（認知、調査、強化）モデル
・信頼関係を築く方法
・関係者チャート（利害関係者の関係図）
・ステップ式チーム開発
……その他多数（全部で36もある）

以来、私は4つのリーダーシップ研修を受講した。そのうちの2つが女性向けのリーダーシッププログラムで、多様なマネジメントモデルを学んだ。

ところで、優れたマネジメントテクニックとは、具体的にどういうものなのだろうか？　何がより重要なのだろうか——コーチングやフィードバック、仕事を部下に任せること、あるいは部下の能力を開発すること？

「よきマネジメントとは」という昔ながらの命題に対する答えを探して、私は本棚から関連資料を取り出してみることにした。

この章では、「リーダーシップ」と「マネジメント」を同義語として用いることにする。もちろん、リーダーシップの専門家（それともマネジメントの専門家というべきか）のなかには、この2つをはっきりと区別している人がいるのはわかっている。

しかし、優れたマネージャーにならずして、どうして優れたリーダーになれるのか、私にはさっぱり理解できない。マネージャーとして成功しなかった人がどうしてリーダーの座を獲得できるというのだろうか？　部下をインスパイアし、やる気にさせる方法を知らない人が、どうして優れたマネージャーになれるだろうか。

609ページ、433の項目を使いこなせ

さて、数えきれないほどの研修で使ったテキストのなかから何冊か見繕ってみたが、まず眼にとまったのは『成功するマネージャーのハンドブック』（ブライアン・L・デイヴィス他著、PDI）だ。いつどこでもらったのかよく覚えていないが、この本はサウスウエスト航空のリーダーシップ研修のテキストとして使われている。索引と付録を除いても609ページ。当時の人材コンサルティング会社の大手、PDI（パーソネル・ディシジョンズ・インターナショナル）のコンサルタントチームによって執筆された。PDIは数多くのモデルや評価ツールの開発で知られているが、最も有名なのは「360度多面評価ツール」だろう。

『成功するマネージャーのハンドブック』は「PDIリーダーシップ・サクセス・ホイール」にもとづいて構成され、「自己啓発型リーダーシップ」「成果追求型リーダー

シップ」「人間力リーダーシップ」「ソート・リーダーシップ」という4つの能力カテゴリーに分類されている。この4種類のリーダーシップが全部で9つの要素（コミュニケーション、戦略など）に分けられ、それがさらに32のスキルに細分化されている。

たとえば優れたリーダーシップを習得するためのスキルには、「信頼感を醸成する」「変化やイノベーションを指揮する」「戦略的に考える」「成果志向」などがある。これらのスキルがさらに細かいタスクや特性に分類される。たとえば、「変革やイノベーションを指揮する」というスキルは、「自己のクリエイティビティを育む」「ほかの人のイノベーションを促進する」「変革活動を指揮する」という3つの要素に分かれる。そして、各要素がさらに細かい部分に分かれるのである。

こうしたスキルは、多くのリーダーシップ能力モデルのテンプレートになっているので、見覚えがあるかもしれない。このような優れたリーダーシップ能力を構成する特性や行動を片っ端から数えたら、全部で433個もあった。スキルごとに章が設けられ、習得する方法を説明しているため、609ページにもなるのだ。

各章ではスキルを説明し、コツや方法を示し、順を追って丁寧な指示を与える。テンプレートも豊富で、参考となる情報源も提供し、わかりやすいイラストまで入っている。なかには「重要なタスクをやり遂げるには手間を惜しまずに努力する」といったほとんど無意味なコツも出てくるが、マネージャーになったばかりの人にはなじみのない、たくさんのビジネス計画ツールがわかりやすくまとめられている。

だが、正直言って、私はこの本を使った試しがない。**何と言っても609ページもあるのだ！** この本を手に取るたびに頭痛がしてくる。もちろん参考書であることは承知しているから、必要なときに参照できるように、せめて目次の内容くらいは頭に入れておきたいところだが、それすらムリだ。

手取り足取りのリーダー用教材

本棚でとなりに並んでいるのが、これまた対照的な『1分間リーダーシップ』（ダイヤモンド社）。こちらは107ページの薄い本で（小さめの本だが活字は大きい）、人事コンサルティング会社、ケン・ブランチャード・カンパニーの代表、ケン・ブランチャードの著作だ。

企業家が有名なマネージャーにアドバイスを求めるという架空の対話形式で、「**状況対応型リーダーシップ（SL理論）**」を説明する。もう何年も前に「状況対応型リーダーシップ」の研修に参加したときにもらった本で、ほかにもいろんな教材がどっさり付いてきた。ポスター、名刺サイズのカード式教材、白い紙、eラーニングのモジュール付きCDセット、何のために使うのかよくわからないボール紙でできたツールなど。

経営モデルとしておそらく最も有名で信頼性も高いこの「状況対応型リーダーシップ」は、ケン・ブランチャードとポール・ハーシーによって共同開発された理論にもとづいている。ふたりはそれぞれに持論を展開させ、状況対応型リーダーシップの別々のモデルを開発した。

ブランチャードの開発した「状況対応型リーダーシップⅡ（SLⅡ理論）」には、「指示型」「コーチ型」「援助型」「委任型」の4つのマネジメントスタイルがある。また、部下の育成レベルも、本人の技能と意欲に応じて4つのレベルに分かれている。

このモデルの重要なポイントは、状況および部下の能力や経験に応じて、マネジメントやリーダーシップのスタイルを決めることだ。たとえば、部下が新しい業務に取り組む場合は、上司は「指示型」のリーダーシップをとり、基本的にはやり方を教えて、しっかりと監督する。

部下が経験はあっても不得意な業務に取り組むことになり、不安で自信が持てない場合は、上司は「コーチ型」リーダーシップをとり、フィードバックを与えて励ましつつ、具体的な指示も与える。

「援助型」の場合は、上司は部下に意思決定をさせ、工程を整えたりサポートを与えたりしながら業務を完了させる。「委任型」の場合は、部下にすべてを任せて業務を完了させる。

上司は部下と面談を行い、各リーダーシップの型について説明する。そのうえで、どの型が最も状況にふさわしいかを一緒に決める。上司は業務の目的を明確にし、部下の仕事ぶりを観察し、随時フィードバックを与える。

ハーシーが開発したモデルもこれに似ているが、リーダーシップスタイルの名称は「指示型」「説得型」「参加型」「委任型」となっている。ハーシーの名前はケン・ブランチャード・カンパニーほど有名ではないため、「状況対応型リーダーシップ」と言えば、ブランチャードのＳＬⅡ理論を指す場合が多い。

まだまだあるリーダーシップモデル

いっぽう、ロバート・タンネンバウムとワーレン・Ｈ・シュミットが１９５８年に開発したリーダーシップモデルは、「適切な行動を導くリーダシップパターンの選択法」という論文で述べられているとおり、部下が混乱したり期待が外れたりしないように、ひとつのリーダーシップの型を貫くべきだとしている。

このモデルでは、「独裁型」から「放任型」まで幅広いマネジメントスタイルを含む連続体を示している。中間に位置するのが、「説得型」「参加型」「促進型」「民主型」だ。どの型にするかは、会社のカルチャーや、部下の能力や部下に対する期待度、上司の能力と自信によって異なってくる。上司と部下の能力の差が大きい場合は「独裁型」が適切であり、差が小さい場合は「放任型」が適切である。

部下をうまく導けるかどうかは、上司が自分自身の価値観と能力をわかったうえで、部下のニーズと希望を理解し、そのときの状況において必要なことを見きわめ、適切な行動を取れるかどうかにかかっている。

もっと最近の例としては、「心の知能指数（ＥＱ）」というコンセプトの生みの親であるダニエル・ゴールマンも、リーダーシップモデルを開発した。ゴールマンのモデルは「共感」のコンセプトにもとづいている。つまり、相手の気持ちをつかみ、前向きに導く能力のことだ。

ゴールマンは、上司の感情は部下の感情に影響を与えると考え、「ビジョン型」「コーチング型」「仲よし型」「調整型」「実力型」「指示命令型」という、共感を呼ぶための６つのリーダーシップスタイルのリーダー像を示している。状況に応じて適切な型を用いることができるが、「実力型」と「指示命令型」は独裁的な色合いが強いので、やりすぎると組織に悪い影響を及ぼす恐れがある。

もういい加減、リーダーシップモデルなどたくさんだろうか？ 私も飽きてきたが、これでもまだほんの序の口にすぎないのだ。じつにおびただしい数のモデルや理論があり、重要視されていることがおわかりいただけたかと思う。

グーグルが導き出した画期的な「8つの習慣」

さて、2011年3月、グーグルは、優れたマネージャーの特徴を明らかにするための「プロジェクト・オキシジェン」の2年間におよぶ研究の成果を発表した。グーグルが独自の研究プロジェクトを立ち上げ、何千例もの業績考課やフィードバック調査を分析して独自のモデルを構築したのである。

その研究成果は「ニューヨークタイムズ」のビジネス欄の見出しを飾ったほか、ビジネスやテクノロジー関連のブログ等で数多く紹介されている。

グーグルの画期的な研究成果は、重要な順番に次のとおりである。

〈グーグルによる「優れたマネージャーの8つの習慣」〉

①優れたコーチであること。
②ある程度はチームのメンバーに任せ、細かく管理しないこと。
③部下の成功と幸せを気にかけていることを態度で示すこと。

④生産的で成果志向であること。
⑤コミュニケーションをよく取り、チームの意見に耳を傾けること。
⑥部下のキャリア開発を支援すること。
⑦チームのための明確なビジョンと戦略を持っていること。
⑧チームにアドバイスできる重要な技術的スキルを持っていること。

この新しいモデルはメディアの賛否両論を呼んだ。少なくともこの50年間、マネジメントの原則の基本として信奉されてきた黄金律となにも変わらないではないか。マネジメントに関する基本的な本や研修に参加したことのある人なら、そう思うかもしれない。そうは言っても、ほかのモデルに比べてずっとシンプルだし、重要な順番に原則が示され、裏付けとなるデータも揃っている。

マネジメントに「効果的なテクニック」はない

グーグルのように世界で最も評価され、模範とされている企業でさえ、優秀なマネージャーの特徴を明らかにするための研究を行う必要性を感じたという事実は、ビジネスの世界で優れたマネジメントを行うのがいかに難しいかを物語っている。

誰もがマネジメントの重要性を認識し、多くの企業がマネージャー研修を必修としてきたにもかかわらず、「うちのマネージャーはみな優秀だ」と胸を張って言える会社はほとんどない。果てしなく無駄な試みなのだ。優れたマネジメントを目指して、どれほどの時間とカネをかけ、注意を払っても、どの会社も目標を達成したようには見えない。

ファイザーのように「状況対応型リーダーシップモデル」を導入し、マネージャーには2週間の研修を必修としている企業でさえ、この問題は解決できていないのだ。

私がファイザーのマネージャーだったころの話である。あるときグループのバイスプレジデントと話していたら、私の部下のことが話題になった。「あの子の仕事ぶりはみんなの期待をはるかに上回っているし、総体的に君のチームの業績は非常に素晴らしい。ここはひとつ、君のマネジメントのテクニックをグループのみんなにぜひ伝授してくれないかな」

そんなふうに頼まれれば悪い気はしなかったが、あらためて考えてみると愕然《がくぜん》としてしまった。マネジメントのテクニックなんて、何にもない！　みんなに伝授するって、いったい何を？

まるでペテン師みたいな気がしたが、やがてはっと気がついた。私は部下のみんなが大好きで、成功してもらいたいと思っている。みんなとの関係もうまくいっている。以前の上司や部下たちともよい関係が続いている。お互いに相手のことを気にかけ、仕事に当たっては結果を出して成功するために力を合わせてがんばってきた。そうすることができたのは、よく話し合い、互いに率直だからだ。

つまり、自分がしているのはよい関係を築くこと。それだけだ。

仕事のできなかった社員が、私のもとでめきめきと頭角を現し、優秀な社員に生まれ変わったことも、これまでに何度もあった。問題のある社員をうちの部署で引き受けようと申し出ると、ほかのマネージャーはみんな呆れ顔で私を見る。「部下には優秀な者のみを持つべし」というマネジメントの基本原則とは正反対だからだ。

けれども言い方は悪いが、仕事のできない社員を自分の部下として引き受けるのは、捨て犬を引き取るのと似ているかもしれない。つらい思いばかりしてきた社員に活躍の場を与えれば、その社員はずっと忠実に仕えてくれる。たしかに最初は手間がかかるが、やがては骨身を惜しまず喜んで働く部下になってくれる。

もちろん、私は潜在的に力のある社員を引き受けているのであり、かなりいい成果を収めてはいると思うが、つねに100％うまくいくわけではない。

データ主義のプレゼンテーションの結果

　仕事のできない社員を初めて引き受けたのは、ある大規模なコンサルティング案件を担当していたときだった。それはまだプロジェクトを受託する前の提案段階で、プロジェクトの最初のフェーズの作業範囲を決め、提案書を作成し、プレゼンの準備をしていた。そこへ、新卒でコンサルティング経験のないフランクが私たちのチームに配属されることになった。

　このプロジェクトはチームの規模が非常に大きく、クライアントに直接会える機会もほとんどなかったため、まれに見るほど混乱をきたしていた。メンバーはみんなクライアント企業近くのホテルの部屋で分かれて作業をしていた。貸し切りの会議室にはパソコンやプリンターが置かれ、プロジェクトマネージャーとの打ち合わせ等を行った。

　フランクを含む我々数名は、クライアントの財務諸表を見直し、さまざまな財務指標数値について競合他社との比較分析を行うことになった。データベースを利用するためにみんなで最寄りの図書館に行き、作成する報告書の分担を決めた。また翌日に集合して各自の分析結果を突き合わせ、その次の日にはプロジェクトリーダーに報告しよう、ということになった。

そして翌日、分析した内容を話し合うため、予定どおりにメンバーが集合したが、フランクの姿が見当たらない。ホテルの彼の部屋の留守番電話にメッセージを残し、その後も何度も電話したが応答がなかった。その晩、みんなで分析結果をまとめてプロジェクトリーダー会議の準備をしていると、フランクが興奮した様子で会議室へ飛び込んできた。

打ち合わせをすっぽかしてしまって申し訳なかった、とフランクは平謝りに謝った。もう少し調べものをしようと、図書館へ行ったまま時間を忘れてしまったらしい。非常に興味深いデータを見つけ、夢中で作業をしていたら、いつのまにか夜になっていたという。みんなでプレゼンの準備をしているところだから、彼の準備にも手を貸そうとみんなが声をかけても、フランクは大丈夫だと断った。分析結果はすべてスプレッドシートにまとめてあり、すぐにでも発表できる状態になっているという。

資料はパワーポイントにまとめるように指示してあったのだが、そんなのはどこ吹く風で、とにかくすごい資料ができたから、これならきっとプロジェクトリーダーにも満足してもらえる、とフランクは自信満々だった。

翌日、私たちは分析結果についてプロジェクトリーダーにプレゼンを行った。プロジェクトリーダーから質問があり、いくつかの点についてはさらに調べるように指示があった。とうとう、フランクの番になった。データがびっしり並んだスプレッドシートを印刷した資料を配布すると、フランクは資料に眼を落としたまま、各データの数値について熱心に説明を始めた。財務数値の細かい説明が延々3分も続くと、プロジェクトマネージャーが叫んだ。「ちょっと待て」。フランクが熱心な様子で返事をした。「何かご質問ですか?」

「ああ。いったいどういうつもりだ《ホワット・ア・ヘル・イズ・ディス》?」

職場で〝ヘル〟(hell)なんて言葉を耳にすることなどめったにないので、部屋じゅうのみんながどっと笑った。ようやく笑い声が収まると、プロジェクトリーダーは首を振って合図し、次のプレゼンテーターを呼んだ。フランクはがっくりとうなだれ、恥ずかしさに耐えていた。途方に暮れたその表情を見て、私は胸が痛んだ。

「最大の問題」は何だったか?

その晩、みんなで夕食に行こうとフランクに声をかけたが、彼は遠慮すると言って聞かなかった。スプレッドシートに手直しを加え、名誉挽回したかったのだ。それでも、みんなと食事に行ったほうが絶対にいいから、と私は強引に彼を誘った。それじゃあ、と彼も折れ、一緒に夕食に行くことになった。

　その席で初めてわかったのは、彼にとって今回のプロジェクトはコンサルタントとして担当する最初の案件であり、しかも社会人としても初仕事だったことだ。フランクは予備役将校訓練団（ROTC）に所属した後、数年間、軍隊経験を積んでいた。一般企業で働いた経験もコンサルティングの経験も、まったくなかったのだ。

　しかし、大学でも軍隊でも成績優秀だった彼は、コンサルタントとしても自分は立派にやっていけるだろうと信じていた。だからこそ、昼間の失敗で自尊心をひどく傷つけられ、何としても埋め合わせをしてやろう、と決心していた。

　そんな彼に私はこう言った。「何と言ってもあなたのミスは、打ち合わせをすっぽかしたことよ。各自の分析をまとめて、全員でプレゼンの資料を作成することになっていたんだから。どういう資料が必要なのか、みんなはわかっていたけど、明らかにあなただけはわかってなかったでしょう」

　夕食後にみんなで話し合って、翌日の午前中は各自で追加の調べものを行い、午後にまた集まってプレゼン資料を修正することになった。今度はフランクもちゃんとやってきた。彼が分析したことはすでに分析済みだとわかったが、せっかくなので彼が用意した裏付けのデータを取り入れて、プレゼンを強化した。驚くべき発見をしたつもりだったフランクはがっかりしていたが、プレゼンの一部を発表することになった。

　ふと気になって、「ちょっとやってみて」と声をかけ、リハーサルを行ったところ、案の定、フランクは細かい数値にとらわれてしまっている。リハーサルを何度か繰り返し、みんなで意見を出し合って、しゃべる内容を細かく決めた。

　最終プレゼンはうまくいき、その日のうちにプロジェクトリーダーがクライアントへのプレゼンテーションを行い、私たちのチームは大規模案件のセールスに成功した。次の週、プロジェクトリーダーがミーティングを開催し、プロジェクトの各業務のチームリーダーを決めた。その後、リーダー全員でメンバーの割り振りを行った。フランクの名前があがると、プロジェクトリーダーが困り果てたように首を振った。

　みんなの視線がさっと私に注がれた。え、うちのチームで取れってこと？　私はマネージャーになったばかりで、チームを率いるのもまだ2度目だったし、フランクの指導には相当手がかかることは明らかだった。それでも、フランクには成功したいという強い熱意があり、努力家で、指導すれば眼に見えてよくなった。それにどっちみちほかに選択肢はないとわかっていたので、私は彼を引き受けることにした。

実践の「指導」が劇的に効く

次の数週間、私たちのチームは全員で集まり、クライアントへの提出資料のアウトラインをまとめた。チームのミーティングの後には毎回、フランクと個別に時間をとり、彼に任せた作業の結果を確認した。すると、指示したはずの内容とちがっていることが何度かあったので、それ以後はもっと明確にこちらの意図を伝えるとともに、彼にも、もし不明な点があれば、そのつど私に確認するよう指導した。ときには「こういうものに仕上げてほしいんだけど」と図を描いて見せたりもした。

そうやって何度も指導を重ねるうちに、フランクもだんだんコツを呑み込んでいった。彼の熱心な仕事ぶりは周りにもよい影響を与えたし、人当たりがよいのも強みだった。

ところがプレゼンとなると、彼はどうしても自分が興味を持った細かい点にのめり込んでしまい、本筋から脱線してしまう。それでもフランクはみんなに好かれていたので、非公式な会議ではクライアントも大目に見てくれた。だが、公式の進捗報告会議でのプレゼンは担当させてもらえなかった。それはコンサルタントにとっては深刻な問題で、将来のキャリアが危ぶまれる事態だ。

フランクには「本筋から離れず、要点を簡潔に」と繰り返し指導したが、彼はどうしても細部にこだわってしまう。本人もそれではいけないと思っているのに、どうしようもないようだった。フランク自身は細かい部分にこそ面白さを感じるので、ほかの人もそうにちがいないと思っていたのだ。

私は業を煮やしながらも、自分の指導法に効果がないことがわかったので、やり方を変える必要があった。そこで、クライアントの部長レベルの方々にお願いして、チームの非公式なプレゼンテーションに出席してもらい、「もしフランクが脱線したり細かい点にこだわり始めたりしたら、厳しく文句を言ってください」と頼んだ。

フランクは、まさかそんなこととは知りもしない。チームの会議にクライアントの部長レベルの人たちが出席しているので驚いた顔をしたが、立ち上がってプレゼンを始めた。数分後、フランクが細かい話に没頭し始めると、聴衆から指摘を受けた。フランクは本筋に戻って話を進め、しばらくはいい調子だったが、そのうちまた脱線した。すると今度は聴衆からさらに厳しいコメントが飛び出した。

三度目の脱線では、とうとう大声で野次が飛んだ（クライアントは完全に面白がっていた）。明らかに聴衆の反感を感じる。フランクはショックを受けていたが、やがてはっと気づいた――自分はみんなを退屈させ、偉い人たちの時間をムダにしている。自分にとっては細かい点がいくら面白くても、みんなにとってはそうじゃなかった。それならもちろん、みんなの意向を尊重しなければ――。

フランクの顔に納得の表情が浮かんだ。彼はみんなのほうを向いて言った。

「なるほど。細かいことには興味がないっていうか、どうでもいいわけですね。重要な部分だけわかればいいんですね」

「コーチング」と「フィードバック」だけでは育たない

その一件によって、彼はコンサルタントとして生まれ変わった。眼の前の課題に集中し、自分のやりたいことではなく、相手が何を求めているかを意識して仕事をするようになった。そして、私がいつでも頼りにできる部下になってくれた。何でも率先して引き受け、どんなに小さなタスクでも優れた仕事ぶりを見せてくれた。フランクはもう、ただ成功すればいいとは思っていなかった。それよりも、私の信頼に応えて、絶対にがっかりさせるまいとがんばってくれたのだ。

プロジェクトが始まった頃は、膨大な時間とエネルギーを取られたけれど、プロジェクトが終わる頃には、彼はふたり分の仕事をこなすまでになっていた。

プロジェクトの集大成として、最後にクライアントに対し、我々が達成したすべての成果をまとめた大規模なプレゼンテーションを行った。我々のコンサルティングフィーの一部は、コスト削減の実際の成果によって金額が決まることになっていたので、これはきわめて重要なプレゼンテーションだった。つまり、我々が示す成果に対し、クライアントが納得しなければならないわけだ。

フランクが担当業務のプレゼンのために与えられた時間は15分だった。プロジェクトが始まった頃の彼しか知らない何人ものコンサルタントから、彼にやらせるのは考え直してくれ、と言われた。けれども運のいいことに、フランクが生まれ変わったあの実験に手を貸してくれたクライアントの部長ふたりが、この最終プレゼンテーションにも同席しており、「彼はなかなかいいよ、やらせたらいいじゃないか」と言ってくれた。

クライアントはコンサルタントのプレゼンにケチをつけたり、しっかりやってくれよ、とプレッシャーをかけたりするものだが、面白いことに、このふたりはフランクの成功を本気で後押ししてくれた。

とうとう彼の番になった。ほかのコンサルタントたちにどう思われているか本人も自覚していたので、少し不安そうな様子だったが、とにかく、私とあのクライアントの部長ふたりだけを見て話すようにと言ってあった。私たちのポジティブな反応を見て、フランクは自信を取り戻していった。彼のプレゼンは洗練され、プロフェッショナルなだけでなく、人を惹きつける魅力があった。以前は熱意が空回りして脱線してしまったが、いまはその熱意が聴衆に伝わり、魅了していた。

プレゼンは大成功だった。私は涙があふれそうになるのを必死でこらえた。誇らしい気持ちで胸がいっぱいだった。

大切なことを学んだのは、フランクだけではなかった。私自身、多くのことを学んだ。ひとつは、物事の受けとめ方は人によってさまざまだということ。ある人にとっては興味のあることでも、ほかの人にとってはどうでもいい、些末《さまつ》なことに思える場合もある。

それから、コーチングとフィードバックだけでは足りない場合もあるということ。何が問題なのかを口で言って聞かせるだけではなく、ときには目に見える形で示したほうがよいということだ。

また、自分自身の新たな一面も知ることができた。私はそれまで自分のことを人間関係に強いタイプだと思ったことはなかった。どちらかというと感情の問題よりも知的な問題に興味のある人間だと思っていた。けれども、クライアント向けの最終プレゼンテーションで、フランクが自分の順番を迎え、見事にやってのけたのを見たとき、私はかつて仕事では味わったことのないほどの大きな達成感を味わった——フランクはその後のプロジェクトでも引き続き成功を収めており、喜びもひとしおだ。

「データマイニング」なしでもわかる4つの原理

このように、私はマネジメントモデルなど何ひとつ学ぶまえに、マネージャーとして大きな成功体験を味わった。フランクを部下に持ったおかげで学んだ以下のことは、仕事以外の生活の場面でも役立つように思う。

①気にかけていることを態度で示す

私は自分の部下（同僚、家族、友人）に成功してほしいと思っている。部下の成功は私の成功だ。また、チームを大事に思っているから、みんなのことを知りたい。家庭での暮らしや興味のあることや嫌いなことも。私が彼らのことを知ろうとするのは、その人のことを知りたいからであって、管理するための「テクニック」ではない。面白い人たちとよい関係を築くことによって私の人生も面白いものになる。

②伝わるように伝える

自分が頭のなかで考えていることなど、ほかの誰にもわからない。配偶者にも、子どもたちにも、当然ながら部下にもだ。これはフランクと接するうちに学んだ重要な教訓だ。仕事の指示は最初からはっきりと具体的に与えたつもりだったけれど、彼のやった仕事の結果はなぜか的外れだった。仕方がないのでもう一度説明するが、それでも指示した内容とはちがうものを仕上げてくる。これにはさすがに私もイライラした。けれども、そこは持ち前の知性を働かせて考えてみた。いまのやり方でうまくいかないのなら、やり方を変えなければ。

こちらがいくらはっきりと具体的に指示を与えたつもりでも、明らかに彼には伝わっていなかった。そう気づいたとき、すべてが腑に落ちた。こちらの言いたいことをフランクに無理やり理解させることはできない。彼の頭のなかに入っていって、理解の仕方を変えさせるわけにもいかない。しかし、フランクが私の言ったことをきちんと理解したかどうか、確かめることはできるはずだ。どういうふうに理解したのか、彼に訊いて確認すればいい。そう考えて、私はアプローチの仕方を変えた。

このやり方はいまでも使っているが、こんな具合だ。「このあいだ渡した指示書だけど、ちょっとわかりにくかったかな、と思って。まず何からやろうと思ってる?」。これなら、相手が何を考えているかちゃんとわかる。この調子でいこう!

③臨機応変に、柔軟に、すばやく対応する

とにかく何かがうまくいかない場合は、基本的にやり方を変えたほうがよい。同じ

やり方で何度試してもうまくいかなかったにもかかわらず、きっといつか魔法のように成功するはずだ、などと期待してはいけない。

指導がうまくいかないのなら、別の方法を試すべきだ。ほかの人の意見を訊いてみるのもいいだろう。どうしてうまくいかないのか、部下と率直に話し合って考えてみよう。それでもダメな場合は、私がフランクのときに試したような荒療治もお勧めだ。だがくれぐれも、同じことを何度も繰り返して、いつかはうまくいくだろうなどと思ってはいけない。

④先手を打つ

これは人のマネジメントよりも、業務や業務量のマネジメントに関することだ。何をいつまでにやるべきかをしっかりと決め、その情報をチーム全員で共有する。関係者に会い、相手側の要望に対してこちらが行うべきことを明らかにする。そのうえでチームの最終ワークプランを立てる。ずいぶん当たり前なことを、と思うかもしれないが、マネージャーのなかにはチームの意見も訊かずに、ただ仕事を振ってしまう人もいるし、将来のプロジェクトについて部下にいっさい情報を与えない人もいる。先のことで部下にあれこれと気をもませたくないと思っているのだ。

そうではなく、チームの抱えている業務を全員が把握して、誰が何をやっているのかわかるようにすること。そうすれば、自分から新しい業務を引き受けたり、仲間の業務を分担したりできる。

さて、私が経験から学んだことは、グーグルの研究や学者による研究やモデルに匹敵すると言えるだろうか？　研究や徹底的なデータマイニング〔大量のデータの精査、知識の発掘〕を行ったわけでもなく、学者のような実績があるわけでもないが、いかがだろう。私のまとめはたったの4項目だから、簡潔という点では私の勝利だ。

グーグルVSスティーブン・コヴィー

グーグルのリストに話を戻そう。次ページの表はグーグルのリストの順番を並べ替え、スティーブン・コヴィーの「7つの習慣」と比較したものである。

グーグルのリストはビジネスマネジメント、コヴィーのリストは人生における成功に関するものだが、完全に一致するわけではないにしても驚くほど共通性がある。グーグルのリストをもっと一般的な表現に置き換えれば、ほとんど同じになるのではないだろうか？

スティーブン・コヴィーは「習慣」を3つのカテゴリーに分類している。

グーグルとコヴィーのメソッド

グーグル	スティーブン・コヴィー
優れたマネージャーの8つの習慣	7つの習慣
④生産的で成果志向である。	主体的である。
⑦チームのための明確なビジョンと戦略を持っている。	終わりを思い描くことから始める。 最重要事項を優先する。
③部下の成功と幸せを気にかけていることを態度で示す。 ①優れたコーチである。	Win-Winを考える。
⑤コミュニケーションをよく取り、チームの意見に耳を傾ける。	まず理解に徹し、 そして理解される。
②ある程度はチームのメンバーに任せ、細かく管理しない。	シナジーを創り出す。
⑥部下のキャリア開発を支援する。	刃を研ぐ。
⑧チームにアドバイスできる重要な技術的スキルを持っている。	該当の記述なし。

・私的成功（依存状態から自立し、みずから効果を生み出す）
・公的成功（ほかの人たちと連携して成功する）
・再新再生（進歩するための時間を持つ）

この分類がとてもいいと思うのは、優れたマネージャーの能力も同じように3つに分類できるからだ――**任務をやり遂げ、部下を管理し、部下のスキルを向上させること**。したがって、優れたマネージャーであることとよい人間であることは、本質的に同じことだと言えるだろう。

よい人間として人生で成功するために欠かせないのは、よい人間関係を築く能力だ。そして、優れたマネジメントというものも部下とのよい関係を築くことにほかならない。部下の意見に耳を傾け、指導を行い、わからないことがあれば気軽に確認したり、フィードバックを与えたりできるような関係である（グーグルのルール①③⑤）。どれもよい関係を築くには欠かせないことばかりだ。部下とよい関係ができれば信頼感が生まれ、いちいち細かく管理する必要がなくなるから不思議である（グーグルのルール②）。部下の将来についても、親身になって考えるようになる（グーグルのルール⑥）。

要は「何」を言っているのか？

それでは、「心の知能指数（ＥＱ）」にもとづくゴールマンのモデル（「ビジョン型」「コーチング型」「仲よし型」「調整型」「実力型」「指示命令型」）をもう一度見てみよう。要するにゴールマンは、よいリーダーは他人に共感し、柔軟性を示す必要があると言っている。タンネンバウムとシュミットのモデルでは、リーダーシップのパターンは、マネージャーの自己認識と部下のニーズ、そして、そのときの状況で必要なことに応じて決めるべきだ、とはっきり述べている。

したがって、やはりよいリーダーには、自分自身のことをよく認識し、他人に共感し、柔軟性を示すことが求められる。私に言わせれば、それはリーダーシップスキルでも、マネジメントスキルでも、ビジネススキルでもない——生きていくためのスキルだ。

状況対応型リーダーシップモデルでは、マネージャーは部下のニーズに合わせたスタイルを選ぶ。部下と面談を行い、部下のニーズや適切なリーダーシップスタイルについて話し合うのだ。

何年も前の話になるが、ジェミニ・コンサルティングでは、プロジェクトの開始時に、プロジェクトマネージャーとコンサルタントで互いの要望を確認するためのミーティングを行っていた。コンサルタントはプロジェクトマネージャーと話し合いながら、そのプロジェクトにおける自分の目標を決め、どのように連携して仕事を進めたいか、要望を伝える。「何をすべきか」と「どのように行うか」を決めていくのだ。

部下はどのようなスタイルの管理方法を望むか、どんなサポートが必要かを上司に伝える。上司は部下に対し、報告やコミュニケーションの方法等に関する要望を伝える。そうすることで、上司も部下も仕事をやり遂げる見通しがつき、自信が持てるようになる。

どうやったらいちばんうまくやれるかを話し合って決めるため、このミーティングは非常に有益だった。

状況対応型リーダーシップモデルを使う最大の価値は、上司と部下が会話を持てることだ。この方法では必然的に上司と部下がコミュニケーションを取り、物事を具体的に相談して決めるようになるし、柔軟性のある対応も求められる。

「マネジメント本」はまじめに読むとばかばかしい

ずばり、私が言いたいのは、優れたマネジメントというのは難しい理屈ではなく、「人」だということだ。なぜ私たちはやたらと複雑に考えてしまうのだろうか。優れたマネージャーになるには、まずは自分自身のことを管理して、務めを果たさなければならない。次に、周りの人たちとよい関係を築く必要がある。自分や部下たちの将来も考える必要はあるが、それほど重要なことではない。

優れたマネジメントスキルとは、よい関係を築くためのスキルだ。ひと言、それに尽きる。あれこれ考え過ぎることはない。テクニックや理屈の問題ではないのだ。どうすればよい人間関係を築けるかを理解すればいい。

マネジメントの本のなかには、部下と友だちのように仲良くなってはならない、と強く戒めるものが何冊もあった。訓話よろしく次のようなエピソードが出てくる。

「以前、私たちは仲がよかった。やがて私が昇進して上司になると、彼はひどいやっつけ仕事を提出して私に承認を求めた。あるときは提出すらしなかった。それでも私になら大目に見てもらえるか、代わりにやってもらえるだろうと思っていたのだ」

まったく呆れた話だ。それが仲のよい人間のすることか？　私の仲のいい部下が馴れ合いでそんなふざけたマネをするなんて絶対にありえない。そんな間柄は親しくも何ともない。むしろ敵ではないか。

経験からも言えることだが、大好きな上司のためなら、努力は惜しまないはずだ。上司も自分のためならどんなことでもしてくれるだろうとわかっているからだ。幸運なことに、私はそういう関係に恵まれてきた。

遅くまで残っている部下たちに「頼むからみんなもう家に帰りなさい。いくらなんでも働き過ぎよ」と声をかけるのもしょっちゅうだった。私が彼らの仕事に首を突っ込み過ぎたときには、部下たちは感じよく、でもきっぱりと、「ここは任せてくださ い」と言ってくれた。いっぽう、助けが必要なときには、アドバイスを求めて私のデスクにやってきた。

それが人間同士というものだろう。自然とそんなふうに付き合うものではないだろうか。そういう付き合い方をしないマネージャーは、マネジメントはサイエンスだ、ルールだ、方法論だと、専門家の言うことをただ鵜呑《うの》みにしてしまっている。そのせいでよそよそしい態度を取り、自分で判断しようともせず、ひたすらガイドラインに従っている。

マネジメントモデルやメソッドなど、これ以上何も必要ない。すでにあるものでたくさんだし、それすら満足に機能しているとは言えない。本当に価値があるのはモデルではないからだ。どうやったらいい仕事ができるか、部下と一緒に話し合うことにこそ価値がある。

みんなで協力して働くにはさまざまな方法がある、と気づくのも大事なことだ。609ページもある管理職用マニュアルなど読んで時間をムダにしていたら、部下のマネジメントなどできるはずがない。そんなツールに振り回されていたら、本当にやるべきことができなくなってしまう。部下たちと付き合う最善の方法は、実際に部下たちと触れ合うことであって、「部下との付き合い方」の参考書を読んだり、チェックリストを作成したり、研究したりすることではない。

もし部下との付き合い方で悩んでいるなら、アドバイスをもらえる場所や本や講座はいくらでもあるだろうが、やはり本人と直接話し合って意見を訊くのが、最も効果的な方法と言えるだろう。

第6章

「人材開発プログラム」には絶対に参加するな

——こうして会社はコンサルにつぶされる

コンサルタントがエンロンをつぶした

もうお気づきかもしれないが、実際に私がどこかの会社をつぶしたわけではない——少なくとも、いまわかっている限りでは。

だが、コンサルタントのせいで会社がつぶれた例はいくつもある。なかでも最も有名なケースを紹介しよう。エンロン事件だ。エンロンの粉飾決算はアーサーアンダーセンが幇助《ほうじょ》していたことは広く報道されたが、エンロンと深く関わっていたもうひとつのコンサルティングファーム、マッキンゼーは、あれだけの騒動をほとんど無傷で逃げ切った。

『ウォー・フォー・タレント』について先にふれたときにはあえて述べなかったが、この本がもうあまり支持されていないのは、主な事例のひとつにエンロンを扱っているせいだ。当時のエンロンのCEOジェフリー・スキリングはマッキンゼーの出身で、この本に出てくるマネジメント原則の多くをエンロンで実施した（公正を期すために言えば、非はマッキンゼーのコンサルタントではなく、マネジメント原則を正しく実施しなかったエンロンにある）。

この本の提言のほとんどは過激なものではないが（リーダーシップと才能を最重要

視する、社員を育成・指導する、クリエイティブな採用活動を行う、など)、ひとつだけ、いかがなものかと思う原則がある。それこそエンロンを転落させた最大の原因と言ってもよいだろう。それは、社員をランク分けし、そのランクに従って管理することだ。

この本が推奨する方法では、社員をA、B、Cの3つのクラスに分類し、扱いに差をつける。Aクラスの人材(上位10~20%)には多額の報酬を与え、できる限り裁量権を持たせることで、チャンスをものにして出世できるようにする。会社の将来はこのAクラスの人材によって決まるのであり、つねにやりがいを求める彼らは手応えを感じなければ会社を去ってしまう。

Cクラスの人材(下位10~20%)に対しては成績を上げるための指導を行うか解雇する。つまりAクラスとCクラスの人材にほとんどの注意が向けられるいっぽうで、Bクラスの人材ならではの価値も認め、必要に応じて育成を行う。

この差別化方式は「**スター制度**」あるいは「**ランク・アンド・ヤンク**(ランク付けして下位の者をクビにする)」などの名称で呼ばれることもある。自分が上位にいるか下位にいるかで受けとめ方が変わってくるわけだ。差別化方式を初めて打ち出したのがマッキンゼーかどうかは定かではないが、マッキンゼーがそのような用語を提唱し、A、B、Cのランク分けをベストプラクティスとして広めたことはまちがいない。

どうしてこの制度がエンロンの崩壊につながったのか。それは、社員のあいだに熾《し》烈《れつ》な競争や、なにをやっても構わないような風潮が生まれ、過度のリスクテイキングやごまかしが横行したからだ。

優秀な〝スター〟社員は、自分には才能があるのだから絶対にしくじるはずがない、と高をくくっていた。才能あるAクラスの社員には大きな裁量権が与えられ、監視も受けずに新しいベンチャービジネスを立ち上げることすらできた。失敗はマイナスと見なされず、むしろ挑戦する勇気があるしるしであり、Aクラスの人材たる証と見なされた。

マルコム・グラッドウェルが「ニューヨーカー」誌でエンロンについて書いた記事で、驚くべき裁量権を持っていたAクラスの社員の例を挙げているが、そのひとりに中国系幹部のルー・パイがいる。パイはエンロンの電力取引事業を立ち上げたが、巨額の損失を出し、続いて手を出した電力のアウトソーシング事業でさらに損失を広げた。

社員は「ランク付け」できるのか？

社員のランク分けが不公平で残酷でさえあるのはもちろんだが、私が最も問題だと思うのは、社員をA、B、Cの3つのクラスに区別できると決めてかかっている点だ。私はスター制度がもとづいているその前提がよくわからない。

『ウォー・フォー・タレント』のある章では、海軍士官学校の生徒が、成績が悪くて退学処分になったところを、面倒見のよい教官のおかげで復学のチャンスを与えられ、やがては素晴らしいリーダーへと成長した、というエピソードを紹介している。つまり、成績が悪くて辞めさせられても仕方がなかったはずのCクラス並みの能力の生徒が、指導の甲斐あってAクラス並みの人材になったというわけだ。ところが、そのすぐ次の章では社員をまずA、B、Cにランク分けすることを推奨しているのだ。

しかし、Cクラスの社員がBクラスやAクラスになったり、Bクラスの社員がCクラスあるいはAクラスになったりする可能性があるのなら、**Aクラスの社員だってCクラスやBクラスに下がってしまう可能性があるのではないだろうか？** とくに、監視の眼もなければなおさらだ。

このように、社員が将来的にどの程度の能力を発揮するかは未知数なのに、どうやって社員を最初から固定的なランクに分類できると言うのだろうか。

評価は状況によって左右される

エンロン事件が世間に知れ渡っているように、おそらくアルベルト・アインシュタインのことを知らない人はいないだろう。アインシュタインの名や風貌は天才の代名詞となっており、史上最も重要な物理学者と言われている。1999年、「タイム」誌はアインシュタインを「20世紀を代表する人物」に選んだ。彼の功績で最も有名なのは一般相対性理論だが、ノーベル賞を受賞したのは光量子仮説に基づく光電効果の理論的解明によってだ。

1905年、アインシュタインは画期的な4つの論文を書いた。「光量子仮説」「特殊相対性理論」「ブラウン運動」「質量とエネルギーの等価性（$E=mc^2$）」に関する論文で、それぞれがノーベル賞に値する内容だった。一般相対性理論は、ブラックホールやワームホールの存在の予言にもつながった。アインシュタインが執筆した論文の数は300を超えており、彼が発表した重要な物理理論は枚挙にいとまがない。

アインシュタインが悔やんでも悔やみきれなかったのは、まだ世間にその名を轟かす前の1902年に父親が亡くなってしまったことだ。父から見た息子のアインシュタインは、完全なできそこないだった。小学校を卒業せずに辞めてしまったのは、学校にとっても本人にとっても残念なことだっただろう。数学で赤点を取ったという話は眉唾《まゆつば》ものだが、ある教師が彼のことを「大人になってもたいした人間になるまい」などと言い放ったことから、そんなエピソードが生まれたらしい。

その後、アインシュタインはチューリッヒ工科大学の入学試験に落ちた。追試で入学を許されたものの、彼の型破りな考え方や授業のサボり癖は教師たちの不興を買った。大学を卒業しても、仕事の口利きをしてくれる教師は誰もいなかった。仕方なく、臨時の代理教員や家庭教師の仕事をしていたが、それすらクビになってしまう。

私生活も散々なありさまだった。ユダヤ人である彼は、親の意に背いてクリスチャンの女性との結婚を望み、未婚のまま子どもをひとりもうけたが、その子の消息はいまも知られていない（その女性とはのちに結婚したものの、泥沼の離婚劇を繰り広げることになった）。やがて、友人の世話でスイスのベルンにある特許局の職員となったが、エンジニアとしての経験が乏しかったため、昇進は見送られた。そうして暇を持て余したアインシュタインは、常識を覆すような4つの科学論文を発表し、世界を変えたのだ。

もしアインシュタインの教師たちに、「彼は将来、成功する見込みはあるか」と尋ねたら、おそらくみんな首を振って舌打ちをしたことだろう。科学と数学の能力は際立っていたにしろ、周囲の誰もが言っているとおり、彼は型破りで、考え方があまりにも自由で、頑固で、反抗的であり、いずれも当時の学者に求められた資質とは言えなかった。しかし、まさにそのような資質のおかげで、アインシュタインは傑出した理論物理学者になれたのだ。

つまるところ、彼は1900年代初頭の厳格な教育になじめるはずもなく、そのような環境では優れた教師になれる見込みもなかった。指示に従わないような性格では、エンジニアとしても成功できなかっただろう。皮肉にも、もしアインシュタインが大学の卒業後に立派な職業に就いていたら、世間的な成功は収めたかもしれないが、おそらく独自の理論を構築する時間などなかったにちがいない。となれば、あのような圧倒的な成功も名声も、決して手に入らなかったはずだ。特許局に職を得たのは、彼にとっていろいろな意味で幸運なことだったと言えるだろう。

評価は低くても能力を発揮する

もうひとり、度重なる失敗を経験した有名人にユリシーズ・S・グラントがいる。彼は南北戦争（1861年～1865年）以前に次々と事業に失敗し、農業も不動産業もうまくいかなかった。しかし、誰もの予想を裏切って、彼は南軍のロバート・

E・リー将軍に勝るとも劣らない、偉大な軍司令官になった。

　歴史書には工業力を持った北軍が勝利を収めたのは必然のなりゆきだったと書いてあるが、南部連合軍側には当時最も優秀な将校がずらりと揃っていたことにはほとんどふれていない。リンカーンは北軍の司令官となる人物を探すのに苦労した。候補者リストにグラントの名前がのぼったことは一度もなかった。メキシコ戦争で一定の評価は得ていたものの、それ以降はたいした戦歴がなかったのだ。

　メキシコ戦争ののち、グラントは長期間の単身赴任を命じられたため一時的に退役するが、それがきっかけで深酒をあおるようになった。その後、南北戦争の初期に兵士の訓練役を買って出た頃の評判はぱっとせず、酒とタバコと浪費癖で知られていた。しかし、グラントは偉大な将軍になるためのまたとない3つの能力を備えていた。すなわち、「地勢を生かして戦闘を有利に展開させる並外れた能力」「兵站《へいたん》を熟知して巧みに操る能力」、そして「部下に規律を叩きこみ鼓舞する能力」だ。

　グラントはざっくばらんな人柄で、軍の誰からも愛された。彼の人気は絶大で、とうとう合衆国大統領にまで選ばれたほどだ。だが、あいにくグラントの政権はスキャンダルと汚職にまみれ、彼の任期と重なる再建時代（1865年～1877年）にはさまざまな職権の乱用が見られた。グラントは国の再建よりも軍の取り巻きを取り立てるのに熱心だと非難された。また、グラントは生涯、飲酒癖に悩まされていた。上官との会議をはじめ、慎むべき場合でさえ、酒が入っていた。

しかし大統領を辞めたあとも、とくにヨーロッパでの人気は依然として高く、講演に招かれたり上流社会の人びとと交流を持ったりした。彼が人脈の広い友人に恵まれたのは幸いだった。というのも、彼の家族経営の投資会社が詐欺《さぎ》の隠れみのだったことが発覚し、全財産を失ってしまったからだ。

やがて友人の作家マーク・トウェインの勧めで回想録を書くことを決意。喉頭《こうとう》ガンになり死期が迫っていたが、家族に財産を遺すため、グラントは自伝の執筆に取り組んだ。死の床で書き上げたその本は、ベストセラーとなった。百年以上経ったいまもなお、その本は多くの書店の書棚を飾り、軍事回想録の最高傑作とされている。さて、そんなグラント将軍は、いったいAクラス、Bクラス、Cクラスのどれに該当したのだろうか？

グラントは偉大な将軍であり、作家としても優れていたが、大統領としての手腕には乏しく、商才にも欠けていた。つまり、活躍できた分野とできなかった分野があったわけだ。なにもめずらしいことではない。人には長所と短所があることくらい、誰もが身をもって知っている。優れた才能を発揮できる分野もあれば、そうでもない分野もあるのがふつうだ。

しかし、アメリカの企業の管理職は、このタレントマネジメントのベストプラクティスに従って、部下の能力を評価して上、中、下にランク分けしなければならない。そのランク分けしだいで部下には「優秀」か「並み」か「ダメなやつ」のレッテルが貼られてしまう。社員の評価はそれまでの実績によって決まる。そのためには長期間の実績を評価する必要があるが、新卒や合併直後の場合には、たった一度の評価で部下のランク付けを行わなければならないこともある。あなたなら、1903年のアインシュタインや1859年のグラントをどうランク付けするだろうか？

一度の失敗が「致命的」になるシステム

私は高校をトップクラスの成績で卒業し、名門大学および大学院へ進学、その後、シンクタンク勤務を経てコンサルタントとして実績を積み、フォーチュン100の大企業へ転職した。これまでたいてい優秀者として通ってきた私だが、そのキャリアと実績について率直な話をしたいと思う。

私は何度か、大失態を演じたことがある。最初の失敗は、クライアント先のメーカーでコスト分析を行ったときのことだ。その企業では、会計処理基準の変更によって製品コストが跳ね上がってしまったため、我々コンサルタントが雇われ、製品コストの適切な算出方法を設定することになった。1980年代のことで、私はコンパック社の〝ポータブル式〟コンピューターを持ち歩いていたが、いまのノートパソコンとは大ちがいで、まるで大型の空調装置にハンドルが付いているような代物だった。それをよっこいしょ、とレンタカーのトランクに押し込んだときに、背中を痛めてしまった。

地元の医者に診てもらったところ、コデインを含む鎮痛剤「タイレノール」を処方された。私にはコデインが合わないとわかったのはこのときだ――憂うつになり、やけに涙もろくなってしまった。業務のひとつに、すべての費用を網羅した巨大なスプレッドシートの作成があったが、私はもともと細かいことは苦手だ。そのうえコンサルティング業の常として、我々は長時間労働をしており、私は座り心地の悪い椅子に腰かけてパソコンに向かいっぱなしだった。

痛みと疲れとコデインのせいで、私はスプレッドシートに転記する数字を何度もまちがえた。データ入力すらまともにできなかったのだ。私のミスのせいでみんなの努力が台なしになるので、こっぴどく怒られた。私がやった作業は、どれもみんなで二度も三度も確認するはめになった。おまけに誰かに叱り飛ばされるたびに、私は泣きべそをかいていた。

ようやくいつものオフィスに戻ると、部門長に呼び出され、私の業績について話し合うことになった。すでにいくつものプロジェクトで成功を収め、ほかのオフィスのパートナー（役員）からもお呼びがかかっていたにもかかわらず、今回たった一度失敗しただけで、とたんに問題児扱いされてしまったのだ。

要は、業績を改善できなければ、年度末にひどい評価をもらうはめになるという話だ。ボーナスなし、昇給なし、将来の出世の見込みもなし。まったく信じがたい思いだった。あれだけ実績を築いてきたのに、何にもならないというのか。私には「ダメなやつ」のレッテルが貼られてしまったのだ。それも、たった一度の失敗のせいで。それ以降は、ほかのオフィスのプロジェクトに参加する以外、私には仕事はなかった。

つぎに仕事で成果をあげられなかったのは、うちの子どもたちがまだ学校に上がるまえのことで、母が不治の病に倒れ、看病が必要になったときだった。看病ばかりか、母が抱えていた法律上の大きな問題が突然、私の肩にのしかかってきた。子どもの世話と母の看病に追われ、よい医者と適切な治療法を探し求めながら、弁護士とやり合うような日々で、仕事の優先順位は5番目に落ちた。平日の勤務中も、病院や医師や弁護士と電話してばかりで、ろくに仕事にならなかった。

それでも、どうにかその年も平均的な業績を達成することができた（簡単に達成できる目標を設定したからだ）。面談のときの上司の言葉はいまでも忘れられない。「どうしてもっと仕事に全力を出さないのか」と言われたのだ。このときも、思わず耳を疑わずにはいられなかった。家庭がこんなに大変なときに、仕事に影響が出ないはずがないじゃないか？

レッテルはなかなか剝がれない

最悪の経験は前述（81ページ〜）のプロジェクトで、クライアント先の生産計画業務機能の向上を担当したときのことだ。私は、問題は生産計画の作成方法にあるのではなく、その企業のビジネスモデルにあることを突きとめた。やがて別のコンサルタントのチームが加わり、彼らのやり方に従えと言われたが、それでは眼の前の問題の解決にはならないと私は考えた。

彼らとは方法をめぐって対立しただけではなかった。クライアントに約束したコスト削減が実現できそうにないことがわかると、プロジェクトマネージャーはその企業の人員を削減することによってコスト削減の成果の帳尻を合わせることにした。「従業員の解雇を勧めたりはしません」とクライアントに断言したのはこの私だったのに、誰をクビにするかを決める気の重い仕事が、私に回ってきたのだ。「そんなことはできません」と断ったことで、私はさらに上司の怒りを買った。そのうえまずいことに、私はクライアントの前でついうっかり、プロジェクトマネージャーの悪口を言ってしまった。コンサルタントとしてあるまじき失態だったが、それがなんと本人の耳に届いてしまった。

それからというもの、私には「ダメなやつ」だけでなく「危険分子」のレッテルが貼られ「チームプレイヤーじゃない」とののしられた。コンサルタントとしてずっと活躍してきたにもかかわらず、「コンサルタントとしての将来はないと思え」とまで言われたのだ。

そうなると奇妙なくらい、私は急に何ひとつまともにできなくなった。プレゼン資料の作成を頼まれても、いつもなら難なくできることなのに、ひどい出来だと散々にけなされた。また、プロジェクトマネージャーが仕様変更を頻繁に行うため、変更履歴の記録用の書式を用意したのだが、なぜかほかのコンサルタントに手柄をさらわれてしまった。とにかく私には「ダメなやつ」のレッテルが貼りつき、やることなすことすべてが「ダメ」だと判断された。過去にどれだけ実績があっても関係なかった。

その次のプロジェクトでは、わざわざマネージャーがひとり私に張りついて監督し、私のやった仕事をすべて確認することになった。2カ月後、そのマネージャーにもようやく私は「ダメなやつ」でも反抗的でもないことがわかったようだった。能力はあるのに、あまりにも状況が悪かったのだ、と。

私たちはなにか失敗をしたとき、ふつうはそう考えるのではないだろうか？「おれはこんなにダメなやつだから失敗したんだ」というより「状況が悪かったよな」と思うことは多々あるだろう。若き日のアインシュタインも規律の厳しい学校になじめず、教師の機嫌を損ねて苦労した。彼は生まれながらの因習打破者であった——そのことは身の破滅を招くいっぽうで、世界を変える偉大な才能にもつながった。グラントは兵站には優れた才能を発揮したが、事業経営やとくにお金のことにはまるで才覚がなかった。軍司令官としてはきわめて優秀であったが、大統領にふさわしい手腕や素質には欠けていた。

私にも長所と短所があって、それらは背中合わせになっている。私は問題の全体像をとらえ、根本的な原因を突きとめるのが得意だ。いっぽう、細かいことを覚えたり、方法論に従ったりするのは得意ではない。

スターはダメな部分も「魅力」に見えてしまう

とはいえ、ありがたいことに長所のおかげで、私はCクラスよりはAクラスのレッテルを貼られるほうが多かった。Aクラスのレッテルも、一度貼られたらなかなか剝がれない。あるクライアントのプロジェクトで、資本投資の改善を担当していたときのことだ。私は為替《かわせ》変動リスク回避のため、現地通貨での投資を提案した。そのクライアント企業の系列の金融グループにアドバイスをもらい、私から経営陣に勧めたのだ。

提案どおり投資が実施された約1週間後、通貨ペソが半分に急落した。以前そのクライアントはペソに大量投資していたが、現地通貨に分散投資しておいたため、巨額の損失を免れたのだった。私がタイミングよく提案を行ったのは、ただの偶然にすぎない。当時の私は金融のことなどほとんどわかっておらず、ましてやグローバル経済については詳しくなかった。ところが、先見の明のある提案を行った功績で、私の株はすっかり上がってしまった。

それからはロックスター並みの待遇だった。ありとあらゆる会議に呼ばれ、CFOにも簡単に会えたし、必要なリソースは何でも手に入れることができた。しかも、担当するプロジェクトも自由に選ばせてもらえた。仕事もチームのメンバーも好きに選べて、誰にでも援助を求められるとなれば、成功しないほうがおかしいだろう。

スター扱いされたことはもう一度あった。業績の悪い部門を引き受け、新しいサービスを立ち上げた結果、業績が好転したのだ。新しいサービス内容を周知するのも業務のひとつで、我々のチームはクリエイティブな方法を考え、社内のテレビ放送でコマーシャルを流したりもした。そのうち私には「直属の部下でなくても面倒を見てくれる」という評判が立って、多くの社員がアドバイスやアイデアを求めてやってくるようになった。誰かのやった仕事が、私のアドバイスをそっくり採用したのがあからさまにわかることもあった。

私はすっかり「クリエイティブで頼りになる上司」にされてしまい、それはそれでありがたかったが、困るのは、誰かが画期的なアイデアを持ってきても、私の功績になってしまうことだった。社員たちは、うまくいったことは何でもかんでも私の指導やアドバイスのおかげだと言い出したが、私自身はまったく関わっていない場合すらあった。

もうひとつ気づいたのは、同僚たちが私のミスに対してえらく寛容になったことだ。ミーティングに報告書を持っていくのを忘れても、「**やっぱりクリエイティブな人はちがうなあ**」などと許されてしまう。「ダメなやつ」が同じことをしたら、「だからダメなんだよ」と文句を言われるに決まっているのに……。

レッテルを貼られるとよりダメになる

「ラベリング効果」は多くの心理学者や神経科学者によって証明されている認知バイイ

アスのひとつだ。リュディガー・ポールは『認知的錯覚ハンドブック（*Cognitive Illusions*）』（未邦訳）において、ラベリング効果は「ある刺激に対して特定のレッテルが貼られ、その効果によって判断や記憶が歪曲《わいきょく》されてしまう」ときに起こるとしている。

仕事以外の場では、私たちは他人を型にはめたりレッテルを貼ったりしないように注意している。とりわけ学校では細心の注意が払われているだろう。レッテル（ラベリング）の効果に関する最も有名な例はふたつとも、学校の生徒を対象に行われた。ひとつは「青い目　茶色い目──教室は目の色でわけられた」という有名なドキュメンタリー番組になっている。

この実験では、教師がクラスの子どもたちを青い目と茶色い目で分けた。そして、「青い目の子は茶色い目の子より優秀です」と告げた。すると、青い目の子どもたちはすっかりその気になり、テストの成績も茶色い目の子どもたちの成績を上回った。その翌日、こんどは逆に「茶色い目の子のほうが優秀です」と告げると、テストの成績は茶色い目の子どもたちが青い目の子どもたちを上回る結果となったのである。

学校の生徒を対象に行われたもうひとつの実験では、クラスのある数名の子どもたちが学習レディネスの技能テストで高い得点を獲得し、優れた学力を示した、と教師に信じ込ませた。実際は学力に関係なく適当に選んだ子どもたちである。しかし学年末になってみると、この適当に選ばれたグループの子どもたちは、ほかの子どもたちよりも高い成績を収めたのだ。

これらふたつの実験からわかることは、いったんレッテルが貼られると、本当は根拠などなくても、それにふさわしい扱いを受けるようになることだ。

こうした実験のおかげで、子どもたちは小学校のあいだの見かけの学力で差別されることはなくなった。その他の実験においても、いったんレッテルが貼られるとそのイメージができあがってしまい、それがまちがいだったとあとでわかっても、私たちはつい最初のイメージに引きずられてしまうことが明らかになっている。

私たちはレッテルにしたがって物事を判断してしまうのだ。レッテルの恐ろしさは、そのとおりのイメージができあがり、こびりついてしまうことにある。

このように、教育者たちは優秀な者を選んで特別扱いすることの弊害をよく認識しているのに対し、タレントマネジメントコンサルタントの多くは、このやり方は組織の成功に不可欠だと言ってはばからない。「御社の将来を担う人材として優秀な社員を選び抜き、十分な報酬を与えなければ！」というわけだ。

つまり会社には、社員にレッテルを貼り、紋切型に分類するためのプロセスや方針が存在する。人種や宗教によってあからさまに差別することはないにしても、分類の基準となる評価スコアには、人種や宗教、性別などの偏見が加味されている場合もある。世の中はそういう差別を避けようとしているのに、**ビジネスの世界ではこんな〝ベストプラクティス〟が堂々とまかり通っているのだ。**

この評価システムの問題は、上司の偏見に左右されるだけでなく、社員がいっときの評価でレッテルを貼られ、分類されてしまうことだ。あるいは、ある部下が入社して以来ずっと指導してきた上司が評価を下す場合もあるだろうが、そのような場合は率直な評価をしようとしても、どうしても偏見が入りがちになる。

だが仕方がない、それが上司の務めだ。上司は部下を評価する、というか値踏みしなければならない。したがって、いつ部下の評価を頼まれるとしても、上司が下した評価は、本人が転職か異動でもしない限り、レッテルとなって長いあいだその社員に貼りつく可能性がある。

研修を受けると「出世コース」から外れる

社員をランク分けする目的は、リーダーの素質のある社員を選抜し、管理職に育て上げることだ。このステップは非常に重要なので、たとえほかの社員を疎外することになろうと、注意もリソースもAクラスの社員に集中し、出世させ、会社につなぎ留めようとする。「人材獲得・育成競争」においてAクラスの社員を失うことは、会社にとって多大な損失となる。けれども、「フォーチュン」誌による「働きがいのある企業100社」に選ばれたふたつの大企業で私が身をもって学んだのは、このやり方では優秀な社員も疎外されるということだ。

最悪のケースが起きたのは、私が女性向けリーダーシッププログラムに参加したときのことだ。私の事業部では管理職に占める女性やマイノリティの割合が極端に低かったため、対策を取り始めたところだった。そんな折、私はメンターになってくれそうな部長職の女性がいると紹介された。私はその人の名を聞き、さっそく会う約束を取りつけ、キャリアに関するアドバイスをもらえるだろうと期待していた。ところがどっこい、その女性は私に会うなり経営陣に対する不満を延々とぶちまけたあげく、「もっといいキャリアを積みたかったら、転職しなさい」と言うではないか！

我々の事業部で幹部のポストを目指そうと思ったら、マーケティング部門での経験が必須であり、その女性もマーケティング部門で昇進を重ねながら、ある国の販売担当マネージャーになった。やがて将来のリーダー候補となった彼女は、人材開発プログラムに参加することになり、「グローバルダイバーシティプロジェクト」のリーダーに抜擢《ばってき》された。

このプロジェクトの期間は1年半。ところが、彼女が経営層のダイバーシティを推進するイニシアチブに取り組んでいるあいだに、男性の同僚たちは徐々に責任の重いポジションに就き、マネジメントの幅広い経験を積んでいった。やがて不運に見舞われた社長が急な辞職に追い込まれると、幹部のポストにもいくつか空きが出て、上層部に昇進できるまたとないチャンスが訪れた。

1年半後、彼女が通常業務に戻ったときには、かつての同僚はみな昇進していたが、彼女は行き場を失っていた。昇進するにはマネージャーとしてもっと幅広い経験を積む必要があった。つまり、リーダーシップ開発研修のせいで、彼女は出世コースから外れてしまったのだ。私が会ったときには、彼女はまた別のグローバルプロジェクトの共同リーダーをしていたが、いまだに昇格の候補にはなっておらず、転職活動を活発に行っていた。

彼女の場合はとりわけ不運だったかもしれないが、ほかにもAクラスの社員対象の人材開発プログラムに参加して、同じような目に遭った人たちがいた。マーケティング部門の別の女性は、人材開発プログラムに参加しているあいだに、上司が全員ほかの事業部へ異動してしまったせいで、元の部署へなかなか戻れなかった。そのあげく、2年半前と同じポストへ戻されてしまったのだ。いっぽう、人材開発プログラムに参加しなかった同僚は全員、彼女よりも上のポストに昇進していた。

また、別のAクラスの女性社員は、研修参加中に元の部門が再編成されてしまい、戻るところがなくなってしまった。そんな私たちが女性向けリーダーシップネットワークを立ち上げたとき、最初に発信したアドバイスは、「**人材開発プログラムには参加するな**」である。

Aクラスの社員を「開発」しようとして失っている

私自身が別の会社で人材開発プログラムに参加したときも、同じような目に遭った。私が命じられたのは、ウィンドウズ／オフィス／エクスプローラーのアップグレード実施のリーダーになること。私にはこういうプロジェクトの経験は皆無だったばかりか、興味も適性もなかった。いったいどうしてそんな決定が下されたのか、いまだに理解に苦しむほどだ。

その業務では、社員全員のパソコンに入っているソフトの一覧表を作成し、それらのソフトがアップグレードしたソフトとうまく連動するかどうか、厳しいチェックを行う必要があった。この手のプロジェクトの成功は、細部に注意を払い、徹底的にテストを行い、完璧な資料を作成することにかかっている。テストや資料の作成は私自身が行うのではないとしても、すべてが適正に行われるように監督するのは私の責任だった。

私の欠点についてはすでに述べたとおりで、細かいことは苦手だ。それに記憶力がいいので、何でもマメに書き留めておく習慣がない。つまり私が苦手なのは、細かいこと、チェックリスト、チェックリストに従う作業、細かいことを資料にまとめること、細かいことを整理することであり、いずれもそのアサインメントに必要なことばかりだった。

私の長所とこうもかけ離れたプロジェクトのリーダーになれとは、どういうつもりだったのだろうか？　おそらく、私にはリーダーシップ能力のひとつである、細かい作業を要するスキルをもう少し身につける必要がある、と何者かが判断したのだろう。しかし、我慢にも限界がある。こうして、会社がわざわざお金を出して私をリーダーシップトレーニング研修へ送り込んでくれたおかげで、私は会社を辞めたのだった。

以上はあくまでも私自身のキャリアのエピソードであって、リーダーシップ育成の人材開発プログラムを統計的に研究したわけではない。とはいえ、ふたつの世界的企業の事例が含まれており、いずれも特別な人材開発プログラムを実施したせいで、かえってAクラスの社員を疎外する結果となった。

もちろん、このようなプログラムが役に立つケースもあるだろうが、これがAクラスの社員に対するベストな処遇だという保証はどこにもない。にもかかわらず、いまのところこれがリーダーシップ開発のベストプラクティスと見なされており、将来のリーダーを育成しようとする企業はこぞってマネをしている。

しかし、教訓としては、ほかの社員を疎外してでもＡクラスの社員を選抜して開発する価値がたとえあったとしても、このやり方ではＡクラスの社員も疎外してしまう可能性があるということだ。

「ピーターの法則」はジョークではない

社員をランク分けするもうひとつの目的は、昇進にふさわしい者を決めることである。ほとんどの企業では、昇進したければ現在のポストで優れた業績を上げなければならない。その前提となっているのは、ひとつの職務で優れた業績を上げた者は、ほかの職務でも優れた業績を上げるだろう、という考えだ。いまのポストで十分な働きを示せないのであれば、ずっとそのままでいるか、転職活動を始めるしかない。

これを全体としてとらえると、会社はダメな社員と並みの社員は同じポストに据え置いて、優秀な社員だけはついに優秀な働きぶりを示せなくなるまで昇進させ続けるようになっている。これが**「ピーターの法則」**だ。「ピーターの法則」はよくジョークのネタになるが、ちゃんと実在する。「ピーターの法則」は１９６９年、ローレンス・Ｊ・ピーター、レイモンド・ハル著の『ピーターの法則』（ダイヤモンド社）で初めて紹介された。その法則とは、「階層社会では、すべての人は昇進を重ね、おのおのの無能レベルに到達する」というものだ。

この法則に従えば、組織はやがて無能な社員で埋め尽くされる。この法則が示すとおりの現象が起こるかどうかを確かめるため、イタリアのカターニア大学の3名の学生はエージェントベース・モデルを作り、コンピュータ上でシミュレーションを行った。

階層型組織に160のポストを設け、各エージェントに年齢や能力レベルを当てはめ、無能なエージェントのクビを切ったり定年に達したエージェントを退職させたりして、空きのポストをつくった。それから、エージェントを次のレベルに昇進させるにあたり、3つのルールをつくった。①最も有能な者か、②最も無能な者か、③ランダムに昇進者を選択する、の3つだ。

また、昇進後の能力を見きわめる方法としては、2種類のシミュレーションを用意した。まったく別の新しい基準で評価するケースと、以前の基準の条件を変更して評価するケースだ。

①の最も有能な者を昇進させる方法は、エージェントが昇進後も引き続き能力を発揮できた場合にのみ有効であると言えた。組織で最も優秀な者たちはあらゆるポストにおいて最も優秀な業績を上げるという確信がなければ、この方法による効果は期待

できない。昇進後に能力を発揮できなければ、有能な者を昇進させたはずが、組織全体に無能を蔓延させる結果になるからだ。

昇進後に能力を発揮できなかったケースが最も少なく、そういう意味で最もリスクが低かった戦略は、なんと、最も業績の低い者と高い者を交互に昇進させる方法だった。また、社員をただランダムに昇進させた場合も同様にうまくいった。

この最後のふたつの方法では、社員があるポストで能力を発揮できなければ、ほかのポストへ移ることができるし、それが「ピーターの法則」による現象を防ぐための唯一の方法である（「ピーターの法則」を未然に防ぐため、強制的に頻繁な配置転換を行う企業もあるが、効果のほどは疑わしい。そのやり方では適当に人を選んで適当に配置するだけなので、能力を発揮できるポストに当たる可能性は低いと言える）。

昇進すればクビになる

「無能」な社員への最もよい対応は、その社員をほかのポストへ異動させることだ。しかし、それでは先ほどのCクラスの社員の扱い方――業績を上げる指導を行うか、辞めてもらう――とは食いちがってしまう（辞めさせるのも、ポストから外すひとつの方法ではあるが）。なかには、Cクラスの社員がふつうの社員としての待遇を取り戻すには、会社が定めた期間内に決められたアクション項目をこなさなければならないという企業もある。

そのような罰則的な方針のない企業でも、「あのポストはあの人には務まらないから、○○さんか△△さんあたりが次の候補者だな」などと陰で噂が立つような場合には、何とかがんばって業績を上げるか、辞めるかの立場に追い込まれることはあるだろう。Cクラスの社員に対する最もひどい扱いは、前述の「ランク・アンド・ヤンク」方式や、最下層の社員は自動的にクビにするやり方だ。

コンサルティングファームにも「アップ・オア・アウト」という、同じような方針がある。「一定の期間内に昇進できない場合は、会社を辞めなければならない」という意味だ。けれど幸いにも、この方針は最近ではあまり支持されていないようだ。私が働いていた某コンサルティングファームでは、人事部がこの「アップ・オア・アウト」方式を導入したが、我々はふざけて「アップ・アンド・アウト」と呼んでいた。

この会社では、毎年、下位10％の社員および一定の期間内に昇進できなかった社員はクビを切られていた。

シニアコンサルタントからマネージャーに昇進した者は、プロジェクトチームのマネジメントはもちろんのこと、クライアントへのセールスが職責に加わる。

たいていの場合、新しくマネージャーになった者にはプロジェクトマネジメントの経験はあっても、セールスはまったく新しい職責だ。この新しい職責については、どれだけ優秀なコンサルタントでも、最初のうちはみんな苦労する。セールスや人間関係を築くスキルを身につけるには時間がかかるものだ。

しかし、下位10％を切る方法では、新しい仕事のやり方を覚えるまえにクビを切られてしまう。こんな制度のせいで、会社は最も能力のある社員を昇進させたあげく、クビにしてしまっていたのだ（まさにアップ・アンド・アウト！）。

この制度は数年後に廃止されたが、それまでに有能な人材を何人も失った。また、クビになった者だけでなく、昇進を間近に控えたコンサルタントまでが、同じような目に遭うのを恐れてゾロゾロと会社を辞めていった。**社員は罰則のごとき人事制度におとなしく従ったりしないのだ。**

誰もが「Bクラス」になってしまう

というわけで、Aクラスの社員をスーパースターのように特別扱いしたり、人材開発プログラムに参加させたりすると弊害が生じる恐れがある。かといって、Cクラスの社員のクビを切ることにも弊害がある。

では、組織の大半を占めるBクラスの社員についてはどうなのか？　推奨されている方法は「AクラスとCクラスの社員にほとんどの注意を向けつつ、Bクラスの社員の価値も認め、必要に応じて育成を行う」となっている。

言い換えれば、中程度のレベルに甘んじている者は、ずっとそのままでいなさいということだ。そうなると、A、B、Cで扱いを変えたはずが、結局のところみんな中程度のレベルに落ち着くのではないだろうか？ Cクラスの社員は辞めさせられるか、指導によってBクラスへ上がる。Aクラスの社員は人材開発の研修を受け、昇進し、やがて能力の限界が訪れてBクラスへ落ち着き、もはや注目されなくなる。

ずっとAクラスであり続け、トップまで昇りつめる社員はごくひと握りしかいない。Bクラスの社員はAクラスかCクラスにならない限り放っておかれる。このようなタレントマネジメント制度を実施すれば、最終的には全員が注目されない中間層へ押しやられてしまい、その結果、凡庸《ぼんよう》な組織になってしまうのだ。

業績が悪い理由は「能力」より「環境」が大きい

仕事の業績について、私の経験にもとづく考えをまとめれば次のようになる。

①業績は状況によって左右される。社員の能力や業績にはさまざまなちがいが見られ

るものの、たいていの人はよい条件に恵まれれば優れた業績を上げるし、悪い条件のもとでは成果は上げられない。したがって、優秀な社員にはどんな仕事をやらせても、どんな状況でも、優れた業績を上げるという前提はまちがっている。業績の悪い社員についても、それと同じことが言える。

②業績が悪くても、たいていは能力がないせいではない。私の部下にも仕事のできない社員はいたが、業績の問題のほとんどは、その職務に対する適性が欠けているか、仲間や上司とうまくいっていないか、会社のカルチャーに合わないせいであることが多い。社員の能力の低さが原因であるケースはほんのわずかしかない。

③レッテルを貼られるとそのとおりのイメージができあがってしまう。優秀とされた社員は一般的にほかの人より注目され、リソースも多く与えられ、チャンスにも恵まれるため、成功する確率が高くなる。いっぽう、業績の悪い社員は厳しく管理され、限られたリソースしか与えられず、チャンスにも恵まれないため、成功する確率は限られている。中間層の社員は並みであればよしとされ、ほとんど注目されない。社員に評価スコアをつける業績管理システムにおいては、大部分の社員は平均レベルに収まるようになっているため、ほとんどの社員の業績は平均的なものになるだろう。実際、人事部はそれを望んでいるのである。

④「ピーターの法則」は実在する。社員は優れた実績を上げたポストを離れ、昇進し

て別のポストに移り、いずれは能力を発揮できないポストにぶち当たる。仕事が合わなくて困っても、そこから脱け出す方法を見つけられるかどうかは本人しだいである。

⑤人はみな、そして優秀な人ほど、自分の運命をコントロールしたいと願う。社員本人が望んだわけでもないプロジェクトや職務に異動させるのは、褒賞どころか罰でしかない。得意分野以外のこともやってみてはどうかと勧めるのと、強制的にそうさせるのとでは大きなちがいがある。

直接聞けばいいことを「スコア」で判断する

A、B、Cのランク分けにばかりかまけていると、社員との会話の機会が失われてしまう。社員にとって何より重要な職務適性についての話し合いがおろそかになってしまう。管理職が集まって何時間もかけて社員に評価スコアをつけ、年次昇給で10ドルアップするのは誰にするかでもめ、人材開発に必要なスキルはああでもない、こうでもない、と話し合っているうちに、「いまの仕事はどう?」と適性について部下と話し合う時間などなくなってしまう。

私の30年近いキャリアにおいて、大勢の社員の業績を上げる方法を模索するための管理職会議など、ただの一度もなかった。平均的な社員のための人材開発について話し合う会議も、一度もなかった。社員の職務適性について話し合う会議も、一度もなかった。Aクラスの社員や幹部については、そのような話し合いが持たれることもあったが、本人たちは会議の場には呼ばれなかった。

ほとんどの企業では、適性に関する話し合いの機会は、上司と部下で行う業績考課面談のときくらいしかない。とはいえ、上司の権限で部下を新しいポストへ異動させることはできないし、そもそも部下の成績が振るわないのは上司のせいだとしたら、上司本人がそれを認識していることはまずないだろう。

しかし考えてみれば、マネジメントにおいてこれほど重要な会話はないはずだ。どうしたら組織の力を最大限に引き出せるか？　どうしたらもっと多くの社員の業績を上げられるか？　その答えは、もっと多くの社員が自分にぴったりの職務を見つける手助けをすることにある。それには適性のある職務や、相性のよい上司と仲間、そして適切なスキルが必要だ。そのような職務が全員に見つかるとは限らないが、探そうとしなければ見つからない。それなのに、職場でこのような話し合いが持たれたことは一度もなかった。

それどころか、私たちは社員の業績考課の評価スコアをめぐってもめにもめ、マネージャーたちには全体の業績分布が釣鐘曲線を描くようにと念を押し、誰にどんな研修を受けさせようかと本人たち抜きで案を練り、次世代育成計画を書面にまとめる。そんなことにばかり時間を費やしている。おまけに、万一、経営陣の半分が航空機事故で死亡した場合の人事の危機管理計画まで策定するヒマはあっても、大部分の社員の能力を最大限に引き出すための対策を練る時間はないのだ。

人事のあらゆる問題を解決する方法

私たちが始めるべきことはわかりきっている。レッテルを貼るのはやめよう。ランク分けも廃止。タレントマネジメントも中止だ。異動を希望する者は、誰でも簡単に異動できるようにする。そして何よりも、上司と部下が話し合い、最適な仕事を見つける方法を一緒に考えることだ。

では、次ページの図を使って、職務適性が発揮される場合には、どのような基本要素が組み合わさっているかについて、私の考えを説明したい。何を隠そう、これは私が開発したモデルだ（お忘れなきよう、私もコンサルタントの端くれである）。

左の2つは、会社のカルチャーとの相性と、上司や同僚との相性で、環境的な要素だ。右の2つは各社員に固有の要素であり、だからこそ本人も交えて話し合う必要がある。

職務適性はどこにある?

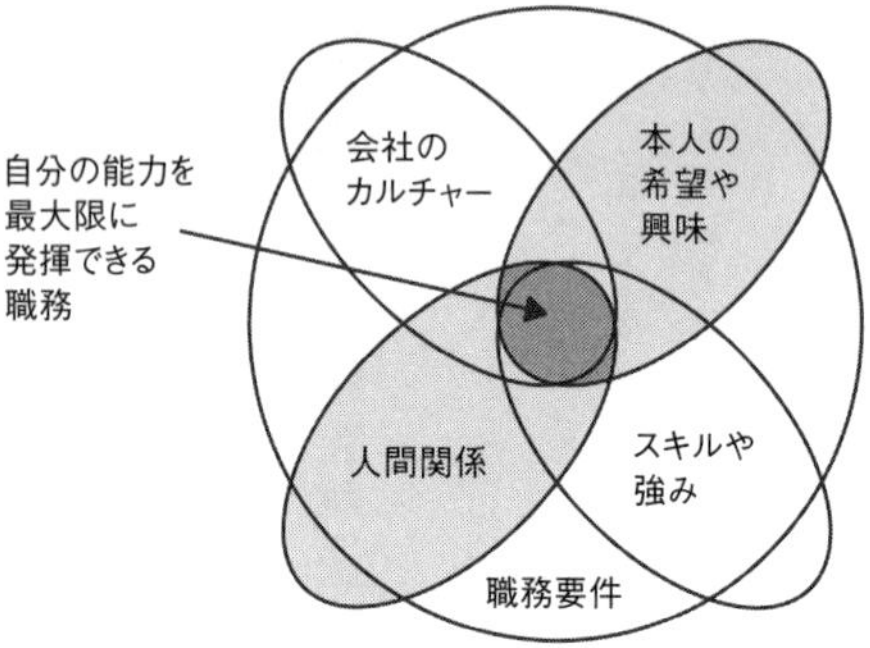

職務内容は本人のスキルや興味に合ったものであるべきだ。社員全員にぴったりの職務を見つけることはできないかもしれないが、たとえ半数でも自分の適性に合った職務を見つけられたら、どれだけの効果が表れるか想像してみてほしい。職務要件に社員を当てはめることに使っていた時間を、もっと価値のあることに——部下の能力を生かすために——使うことができる。

職務適性について話し合えば、タレントマネジメントの問題の多くは解決される。誰にでもある程度の才能があり、さらに伸ばす余地があるという前提のもとで話し合う。そうすれば、各自の才能を生かして業績を上げることが可能になる。社員のランク分けをしないので、面談やその結果を秘密にする必要もない。社員は成功しても失敗してもレッテルを貼られたりしない。うまくいかなかったらすぐに異動すればよく、恥をかくこともない。

もっと重要なのは、社員のキャリア開発が本人以外の者たちの手に委ねられることなく、社員自身が責任をもって自分のキャリアを形成していけることだ。社員は異動を申請できる。本人も会議に参加して自分の能力や興味について話し、最も適性のある職務を一緒に探すことができる。上司は部下のキャリア開発に関して責任を抱え込む必要はない。そもそもそれは上司の責任の範囲外のことなのだ。そのかわり、部下の業績を上げることに集中すればよい。それこそ上司が責任をもって行うべきことだ。

業績や能力ではなく適性について話し合うことで生じるもうひとつの利点は、たとえ適性のある職務が見つからなくて会社を辞めることになったとしても、業績が悪いからではなく、ただ適性がないだけなので、本人が恨みに思ったり恥をかいたり、あるいはもめごとになったりする可能性が低いことだ。

また、この方法を成功させるためには、職務記述書も廃止するべきである。しかるべき理由があって職務記述書を用意する場合もあるだろうし、以前は、私も作成した。けれども、職務内容を定め、細かい要件を規定してから、それに合う社員を探すのは、職務内容を社員に合わせる場合に比べてはるかに生産性が低い。

ここでも、アインシュタインがよい例となるだろう。アインシュタインの時代に物理学者になろうとしたら、それはすなわち実験物理学者を指していた。科学者は実験室で実験を行うのが常識だったからだ。

しかし、アインシュタインは物理実験ではなく、みずから命名したとおり「思考実験」を行った。アインシュタインは最初の理論物理学者ではなかったが、彼があのような名声を得たおかげで、物理学者になるにも理論物理学か実験物理学かを選べるようになった。アインシュタインは、それまでにはなかった新しい職務記述書を生み出したのである。

第7章

「リーダーシップ開発」で食べている人たち

――リーダーシップを持てる「チェックリスト」なんてない

「リーダーシッププログラム」はどれが正しい？

　さて、人材の分類やランク分けやレッテルを廃止するのはよいとして、ひとつ大きな問題がある。これでは会社を背負って立つ将来のリーダーを見きわめる方法がなくなってしまうということだ。リーダーが次々と育っていかなければ、会社にはやがて有能なリーダーがいなくなり、後手後手の経営でとんだ大失敗をして、ハーバードビジネススクールのケーススタディ教材で失敗例として取り上げられるのがオチだ。「人材獲得・育成競争」の名残で、このようにタレントマネジメントコンサルタントは、「リーダーシップの危機」を口にして人事制度を正当化しようとする。ランク分け等の人事制度なくして、どうやって将来の経営陣となるAクラスの人材を見いだせばよいのだろうか？　ここはひとつ、私もコンサルタントとして考えてみよう。

　こちらのぱっとしない社員は自分の仕事はきっちりこなすけれど、自分の責任範囲以外のことはやろうとしない——あれではリーダーには向かないだろう。その点、あの社員は人気もあって、どんな仕事にも積極的に手を挙げるし、チームやプロジェクトを率いるのが得意だ——うん、あの人こそまさにリーダー向きだ。というわけで、リーダーシップアセスメント、一丁あがり。コンサルティングフィーは２５００ドルです。

悪ふざけが過ぎて恐縮だが、リーダーの育成が重要な問題であるのは百も承知である。リーダーシップコンサルタントやコーチや専門家はごまんと存在し、リーダーシップアセスメントやリーダーシップ開発プログラムも無数にあって、あれもやれ、これも必要だ、と言われるから、どれが実際に優れた方法でどれがインチキなのか、見分けるのは容易ではない。

この章では「リーダーシップ開発」の名のもとに現在どのようなサービスが提供されているかについて述べたいと思う。

リーダーシップ開発プログラムの前提は、優れたリーダーシップは習得可能ないくつかの「能力」によって構成されるという考えだ。ここで「能力」という言葉を使うのは、そのうちのいくつかは、「物事を明確に伝える」といったいわゆるスキルではなく、むしろ「自己認識」などの個人の資質に関わるものだからだ。

すなわち、リーダーシップ開発プログラムの前提は、次のような考え方のもとに成り立っている。第一に、リーダーシップのスキルはいくつかの要素に分けることができる。逆に考えれば、優れたリーダーはみな同じスキルや特性を備えていることになる。第二に、それらのスキルや特性は必ずしも生来のものではなく、努力によって習得が可能であるという考え方だ。

カリスマはなくても「優れたリーダー」になれる

では、優れたリーダーの特性とはいったい何だろうか？ ウィンストン・チャーチル、マハトマ・ガンジー、マーティン・ルーサー・キング・ジュニア、エイブラハム・リンカーン、ユリシーズ・グラント、セオドア・ルーズベルト、ダグラス・マッカーサー、ドワイト・アイゼンハワー、トマス・ジェファーソンらは、偉大なリーダーとされている。

彼らに共通しているのは何だろうか？ カリスマや魅力？ しかし、グラントにもジェファーソンにもカリスマ性はなかった。それどころかジェファーソンは演説が大の苦手で、アメリカ連邦議会での一般教書演説を代読させたほどだ。

ガンジーやキングやリンカーンは謙虚な人柄で人びとの尊敬を集めたが、チャーチルやルーズベルトやマッカーサーには謙虚さなど微塵《みじん》も見られなかった。マッカーサーが激しやすい性格で知られるいっぽう、チャーチルやグラントはおおらかな性格だった。チャーチルとグラントはアルコール依存症で苦しんだが、ジェファーソンにも浪費という悪癖《あくへき》があった。彼は死ぬまで借金まみれで、経済的困窮により自分の奴隷たちを解放できなかったくらいだ。それとは対照的に、リンカーンとガンジーは実直で品行方正な人物だった。

彼らの育ちはどうだろうか？　裕福な者もいれば、貧しい者もいた。ビジョンはどうか？　キングは確かにビジョンを持っていたし、ジェファーソンもしかり。では、アイゼンハワーやグラントも同じように先見の明を持っていただろうか？　そうとは言えないだろう。そう考えると、リーダーたちに共通する特性というのはどうも見えてこない。

幸い、リーダーシップの研究はマネジメントの研究よりも歴史が古く、何世紀も前から行われている。マキャヴェッリに始まり、人びとは歴史を超えてリーダーの資質とは何かを考え続けてきた。いまやビジネスの世界でも注目の話題である。

リーダーシップの専門家や本やモデルは多数存在するので、専門家はリーダーシップの特性について何と言っているか調べてみよう。さすがにルネッサンスの頃からは、人びとの考え方もかなり変化しているはずだから、マキャヴェッリよりもっと最近の専門家の意見を参照したい。というわけで、また本棚から埃《ほこり》をかぶった本をあれこれ取り出したところ、マネジメントの本よりもリーダーシップの本のほうがたくさんあった。ありがたいことに、609ページもある本は一冊もない。

ベニスとガードナーのあげるバラバラの「条件」

私が最初に読んだリーダーシップの本は、ウォレン・ベニス著『リーダーになる』（海と月社）、1989年初版のサイン本だ。リーダーシップの専門家として、まず思い浮かんだひとりがベニスだ。彼の考えるリーダーの資質は、「指導者としてのビジョン」「情熱」「誠実」「信頼性」「好奇心」「大胆不敵」だ。ベニスが強調しているのは、偉大なリーダーはこうなりたいと思い描く自分になる能力に優れ、その結果、周囲にも影響を与えるという点だ。本のイントロダクションで、ベニスはリーダーシップに関するみずからの研究の要点をこう述べている。

「リーダーになった人たちは最初からリーダーを目指していたわけではなく、自分自身を自由に、思う存分に表現したい、と思っている人が多い。つまり、リーダーは自分の有能さを証明することには興味はなくて、自分自身を表現することに果てしない興味を覚えるのだ。このちがいはとても重要である。というのも〝動かされる〟のと〝率いる〟ことのちがいはそこにあり、いまは〝動かされる〟人ばかりで〝率いる〟人はほとんどいない」

またずいぶんと控えめな見方もあったものだと思う。私の知っているリーダーは、みなリーダーを目指してがむしゃらに努力した人ばかりだ。

二番目に読んだのも同じ時期に書かれた本で、ジョン・W・ガードナー著『リーダーシップの本質』（ダイヤモンド社）である。当時、ガードナーはリーダーシップの第一人者として有名だったが、いまではほとんど名前を聞かなくなった。2002年に亡くなり、その後も次から次へと専門家が出てきているからだろう。

ガードナーは「リーダー」が「マネージャー」とは異なる点を6つ挙げている。

①物事を長期的に考える。
②物事を広い視野で見る。
③自分の管理下以外の人びとにも影響を及ぼすことができる。
④人々の言動にひそむ非合理的で、無意識の、眼に見えない面を大事にする。
⑤多くの関係者とうまく付き合うための政治的手腕を発揮する。
⑥現状に疑問を抱く。

以上のとおり、先ほど紹介したベニスの挙げた資質とは異なっている。ベニスは自己実現につながる内的な資質に注目しているのに対し、ガードナーの挙げた要素の多くは、どうやって外の世界と関わるかといった、戦略的思考や政治的手腕や影響力に関するものだ。

リーダーシップの「本質」がさっぱりわからない

ジム・コリンズはもっと最近の人で、世界的に有名な企業経営論の第一人者であり、彼のビジネス書は何冊もベストセラーとなっている。『ビジョナリーカンパニー2』（日経BP社）において、コリンズは偉大な企業が卓越した存在となり、偉大であり続けるための特徴を数多く挙げている。

その特徴のひとつは、偉大な企業はすべてリーダーシップの最高レベルである「第五水準」の指導者に率いられているということ。第五水準の指導者は、個人としての謙虚さと、職業人としての意志の強さという二面性をあわせ持っている。

つまり、成功すれば周りの人びとや外部要因のおかげだと考え、失敗すれば責任は自分にあると考える。会社が直面している課題にはあくまでも現実的だが、どれほど困難であってもそれらを乗り越える覚悟で取り組む。より高い次元の目的のためには、自分のエゴを従わせることができる。それは、しっかりとした内省や世界観が変わるような体験によって培われた能力である。

また、コリンズは「第五水準」の指導者と「第四水準」の指導者の差にも言及している。「第四水準」の指導者は独りよがりな傾向があるが、時としてカリスマ性があり、人びとをひとつのビジョンに向けてやる気にさせる力を持っている。「第四水準」の指導者も顕著な変革を成功させることができる。しかし、「第五水準」の指導者は、変革を成功させるだけでなく自分が退いたあとも永続する偉大な組織を築くことができる。

ダニエル・ゴールマンは、リーダーシップスタイル・モデルのほかにも、「心の知能指数（EQ）」理論に連動する、成功した指導者の特性を挙げている。ゴールマンによるリーダーの必須条件は、「自己認識」「自己管理」「モチベーション」「共感」「社交術」だ。ウォレン・ベニスの挙げた特性と内容は異なるものの、両者ともリーダーシップを内的な能力として位置づけており、それはジム・コリンズも同様である。

このような内的な特性に注目したモデルを「自己実現型リーダーモデル」と呼びたい。そしてもうひとり、有名な経営学の専門家でハーバードビジネススクールの教授であるジョン・コッターは、企業変革を推進するためにはリーダーシップが求められると説いている。コッターの理論ではリーダーシップとは方向性を示し、人びとをまとめ、やる気にさせることだ。ジョン・ガードナーのリーダーシップ論のように、コッターの理論もより行動面に言及したモデルで、リーダーとしてするべきこと、できなければならないことを示している。

……**そろそろ頭痛がしてきた**。ピーター・ドラッカー、スティーブン・コヴィー、ピーター・センゲなど、まだネタは山ほどあるのだが。しかしものを書くときには、私なりのルールがある。書いていて退屈なものは、読むのはもっと退屈と心得るべし。というわけで、この辺でやめておこう。

つまりはこれほど多くの専門家が、リーダーシップについておびただしい数の研究を行い、リーダーに求められる資質や行動に関するモデルを立ち上げてきたのである。なかには似たような特徴も見られるが、リーダーの特徴はこれだ、というはっきりとした結論は見えてこない。しかし、「リーダーは育てることができる」という点では、すべての専門家の意見が一致している。そうなると、リーダーシップ開発はもっともらしいコンセプトに思えてくるが、そういった専門家のほとんどはリーダーシップ開発で生計を立てているわけだから、少々、利害も絡んでいるだろう。

もうひとつ、こうして調べてわかったことは、どの専門家が挙げた特徴もだいたい5つ以下に収まっていることだ。ベニスの挙げた特徴が6つで、いまのところいちばん多い。

アセスメントで出た私の「長所」と「短所」とは?

ではここで、リーダーシップ理論に関する私のまとめと実際にビジネスで行われていることを比較してみたい。リーダーシップアセスメントは急成長のビジネスだ。私自身がこれまでに受けたアセスメントの診断結果の資料はないかと机のなかを探してみたら、一度ならず三度も、それも毎回ちがうツールで診断を受けていた。

そのなかでもひとつだけ受けたことを覚えているものがあったが、鋭い洞察が得られたからではなく、うんざりするほど長かったからだ。24ものコンピテンシー項目について診断されており、何ページも延々と質問項目が続いている。自分だけならまだしも、上司も部下も同僚も私に対する評価を記入しなければならなかったのだ。

数年後、こんどは私がふたりの人から別々に、同じ膨大な量の質問項目のあるアセスメントを頼まれた。やってもやっても終わらない、と思ったのを覚えている。できる限り彼らの役に立つデータを提供したいと思いつつ、答えようのないような質問も多くて、とくにアセスメントの後半に入って疲れも出てきてからは、「平均的」と回答するしかなかった。そういう経験をしてみると、自分のアセスメント結果を見てもなるほど、と納得がいった。私の場合も後半はやたらと「平均的」な評価が多くなっていたからだ。

アセスメントの結果、私の長所と短所が浮き彫りになった。それをもとに、私は自分の長所を生かし、短所を克服するための行動プランを作成した。今回10年ぶりにそれを見直し、自分の行動プランを読んだのだが、思わず噴き出してしまった。私の場合、「リーダーシップの妨げとなる要素」のトップは、「整理整頓が下手なこと」となっていた。それに続いて、整理整頓上手になるための行動計画が示されている。

我ながら笑ってしまったのだが、そのレポートが置いてあったのは、床にうずたかく積まれた書類の山の上だった。机に置き切れない書類が床にあふれていくつもの山となり、そのうえにファイルや本などがどっさりと積まれて書類を埋め尽くしている。**何てこった**。肝心の行動計画を達成していなかったとは。もはや、私が偉大なリーダーになれる望みは絶たれた。

こんなにマスターできる人間はいるのか?

リーダーシップコンピテンシーは、社員の研修や昇進の際に必要となるアセスメントの一部としてだけでなく、業績考課に組み込まれることも多い。目標の達成度によって評価されるだけでなく、一定の特性を備えているかどうかでも評価される。もしスキルのどれかが欠けていると評価されたら、評価書類に汚点が残ってしまう。そのため、みんな必死になってすべての能力を一定のレベルまで身につけようとする。

実際、多くの企業は研修プログラムを実施し、すべての項目において社員に一定のレベルの能力を身につけさせようとしている。たとえば、20いくつもの能力を身につければ、リーダーとして成功するという考え方だ。

いくらなんでもそんなに数が多いのは例外だと思われるかもしれない。ところが、リーダーシップアセスメントの資料のほかにも、私の昔の業績考課の資料が埃まみれになって出てきた（どこから出てきたかはお察しのとおりである）。そこにはリーダーとしての行動に関する評価が、何ページにもわたって記されていた。34の行動があり、以下の8つのカテゴリーに分類されている。

①業績にフォーカスし続ける

・ビジネス改善の機会を逃さない
・つねに高いレベルを目指す
・優先順位を正しく設定する
・顧客志向である

②包括的環境を創る

・新しいアイデアを受け入れる
・同僚たちを受容する
・マネージャーたちに受容を促進する

③率直な議論や討論を促進する

・積極的に耳を傾ける
・議論の活性化を促す
・批判を受け入れる
・会議や討議を手際よく運営する
・効果的なコミュニケーションを行う

④企業変革に対応する

・戦略的に変化を予想する
・イニシアチブを取る
・よりよい実行方法を計画する
・周囲の人びとが行動できるようにする
・変革推進者を育成する
・よりよい業務を追求する

⑤社員の育成を行う

なんだかんだ、ああだこうだ……

⑥社内全体で連携を図る

なんだかんだ、ああだこうだ……

⑦イノベーションとクリエイティビティを養成する

エトセトラ、エトセトラ……

⑧戦略的な明敏さを実践する

さらに続く。

私の友人の女性が開発にかかわった、ある大企業向けのコンピテンシーモデルがある。思考、結果、個人的要素、対人能力の4つの構成要素が円形を描くように配置されており、『成功するマネージャーのハンドブック』に出てきた4つのコンピテンシー分類に似ている。それが20のスキルに細分化され、さらにもう一段階細分化されているのだが、あまりにも多くてすぐに数えられないほどだ。

このタイプのモデルはやがて経営手法としてすっかり定着した。いまでは、優れたリーダーになるには、「リーダーシップコンピテンシー」と呼ばれる20から40ものスキルを習得したことを証明しなければならない。

しかし、それではスティーブ・ジョブズはどうなるのだろう?

なぜ「精神病質者」は偉大なCEOになれるのか？

まじめな話、もし私がスティーブ・ジョブズのリーダーシップコンピテンシーアセスメントを行ったら、ジョブズはあらゆる点で落第になったはずだ。ジョブズについてはさまざまなエピソードを読んだが――彼が会社の従業員や友人や介護士に対してどんな態度を取ったか――どう見ても嫌なやつに思えてしまう。だが、そのひどい態度や振る舞いのせいで偉大なリーダーのイメージがどんなに損なわれようと、彼が偉大なリーダーであったことは疑うべくもない。

ジョブズは3つの会社を立ち上げ、そのうちの2社、アップルとピクサーは空前の成功を収めて素晴らしい企業となり、iTunes、iPod、iPad、iPhoneなど、まったく新しいビジネスモデルと産業を創り上げた。ジョブズによって、人びとのコミュニケーションの方法やインターネットの使い方、音楽の聴き方は劇的に変化した。

ジム・コリンズによれば、「第五水準」の指導者は永続可能な企業を立ち上げる力のある者とされている。ジョブズはまったく新しい産業を創造したことによって、その基準すら乗り越えてしまった。彼が亡くなったときの人びとの嘆き悲しみようは、芸能人か政治家の場合でもなければめったに見られないほどだった。彼のフォロワーは世界中に存在したのである。しかし、ジョブズはけっして謙虚な人ではなかった。対人能力、とくに共感能力には著しく欠けていた。もしかしたらジョブズは飛び抜けた例外なのかもしれないが、それならこの人たちはどうだろう？

オラクルのラリー・エリソンは？

HP（ヒューレット・パッカード）のカーリー・フィオリーナは？

eBayおよびHPのメグ・ホイットマンは？

GEのジャック・ウェルチは？

ディズニーのマイケル・アイズナーは？

これらのCEOはみな、冷酷とか、攻撃的、無愛想、細かいことにうるさい、暴君のようだったなどと言われている。しかも、スティーブ・ジョブズがCEOとしては理想的であったことから、優れたリーダーにとって対人スキルや共感能力は本当に必要なのか、という議論がビジネス誌等で沸き起こった。

最近では、「フォーブス」誌に掲載された「なぜ精神病質者《サイコパス》は偉大なCEOになる（人もいる）のか」という記事は、総人口のうちサイコパスは1％であるのに対し、CEOのうち約4パーセントがサイコパスであり、攻撃的で共感に欠ける性質のおかげで成功すると述べている。

また、「ニューヨークタイムズ」紙の「中毒になりやすい性格？　リーダーになれるかも」という記事でも、ＣＥＯのうちかなりの割合の人は中毒になりやすい性格であり、そのせいで普通の人より物事にのめり込み、リスクを厭《いと》わないと書かれている。彼らはつねにアドレナリンの放出を必要とするため、平凡な成果では満足できないのだ。

人格者は成功しないのか？

もうひとり、リーダーシップの専門家であるマンフレッド・ケッツ・ド・ブリースは、「ナルシシズム」がＣＥＯをはじめとする成功したリーダーに共通する特徴であると言っている。この場合、ナルシシストに共通して見られる特徴は、子ども時代に献身的な母親に心血を注いで育てられたいっぽうで、父親は不在か、いても疎遠な存在であったこと。

全米で名高いメイヨー・クリニックのウェブサイトによれば、「自己愛性人格障害（ＮＰＤ）は精神疾患のひとつで、過剰なうぬぼれを持ち、他人からの賞賛を強く求める。自己愛性人格障害の人は、自分は他人よりも優れていると信じており、他人の感情にはほとんど関心を持っていない」。

さまざまな性格タイプのなかでも、新しい産業を予測し、画期的な商品を創り出すために、大きなリスクをものともせずに打って出ていく大胆不敵さと自信にかけては、ナルシシストの右に出る者はいない。優れたリーダーになるためのさまざまな「特徴」のなかでも、リーダーシップの成功に最も強く関連しているのはナルシシズムのように見える。

ということは、いろいろな社会的能力を評価するよりも、リーダーシップアセスメントで本当に確認すべきなのは、子どもの頃の母親や父親との関係ということになるだろうか？

しかし、次の人びとについてはどうだろう？

ウォルマートのサム・ウォルトンは？

IBMのルイス・ガースナーは？

バークシャー・ハサウェイのウォーレン・バフェットは？

サウスウエスト航空のハーバート・ケレハーは？

ウォルト・ディズニーは？

いずれも成功を収めた有名なリーダーだが、異常なほど独善的で人使いの荒いナルシシストなどひとりもいない。いったいどういうことだろうか？　優れたリーダーとは、ナルシシストなのか、自己実現を成し遂げた人なのか、それとも明確なビジョンを実行に移した人なのか？

専門家のあいだでも意見の一致が見られないようだから、これまでに見てきたリーダーのひとりで、そもそもこの議論の発端となった人の意見を訊いてみよう。2003年、ニュースショー「60ミニッツ」のインタビューで、スティーブ・ジョブズはこう言っている。

「僕のビジネスのモデルはビートルズだ。4人の男がお互いの悪い部分をうまく抑え合っている。それでバランスが取れて、ただ4人の能力を集めたよりもはるかに大きな相乗効果が生まれた。僕はビジネスも同じだと思っている。ビジネスでも偉大なことは決してひとりでは成し遂げられない。チームで成し遂げるんだ」

ジョブズだけではアップルの成功はなかった

リーダーシップコンピテンシーについてあれこれ語るのは面白いが、実際には、リーダーシップコンピテンシーがあれば優秀なリーダーになって成功できるというわけではない。現実には、人は自分や他人の持っている長所や短所に適応するものだ。リーダーは自分の短所を補うため、自分にはないスキルを持った人たちを身の周りに置く。これによってチーム全体の力を最大限に引き出すことができる。興味深いことに、納得できる理由があれば、フォロワーはリーダーの短所に適応する。

スティーブ・ウォズニアックはアップルの初期のコンピューターを製作した。ふたりのスティーブがガレージにこもってパソコンを製作したわけではない。技術面はウォズが担当し、ジョブズのほうはマーケティングと営業を担当した。ジョブズの最大の功績は、パーソナルコンピューターの市場機会をとらえ、一緒に会社を起こそう、とウォズを説得したことだ。

アップルの飛躍のきっかけとなったグラフィカルユーザーインターフェース（GUI）を生み出したのはジョブズではない。ジョブズはゼロックス社のパロアルト研究所でGUIを見て、その可能性を見抜いたのだ。ピクサーの件に関しても同様で、ジョブズがピクサーを設立したのではない。やはり可能性を見抜いて、ルーカスフィルムから買い取った。

ジョブズは商品デザインへのこだわりでも知られるが、彼はデザイナーではなかった。優れたデザインの価値がわかる人だったから、優れたデザイナーを雇ったのだ。ジョブズがどんなに不愉快な態度を取っても、チームのみんなは我慢した。それもこれも、優れたアイデアや優れた人材の可能性を見抜いて最大限に生かすことにかけては、ジョブズが類いまれな才能を示したからだ。もしジョブズにこの才能がなかったら、あれほどのエゴイズムと完璧主義を我慢できた人間はひとりもいなかっただろう。

偉大な企業や偉大なリーダーのストーリーを読むたびに共通して言えることは、リーダーがたったひとりで偉業を成し遂げたわけではない、ということだ。これらのCEOはみな、さまざまなスキルを持つ人が集まったチームを率いていた。

実際のところ、万人に有効なリーダーシップの手法やモデルなどありはしない。人はそれぞれ異なるスキルや長所を持っている。大事なのは、スキルや長所を最大限に生かしつつ、訓練したり欠点を補ったり、あるいはチームをつくることによって、弱点を補うことだ。

「やる気」をはかれば適性が見える

私の場合は、整理整頓が下手なことが「リーダーシップの妨げとなる要素」だと言われたが、当時のことを振り返ってみても、的外れな指摘としか思えない。私は書類のファイリングやデスクの片づけには興味がないのだ。時間のムダとしか思えない。ありがたいことに、私はいつもファイリングの得意な部下や、整理整頓を行ってくれる部下に恵まれてきた。散らかし魔なのでジョークのネタにされたり、からかわれたりすることもあるけれど、まじめに文句を言われたことは一度もない。

ひどい評価の書かれた紙切れを渡され、人として成長するにはああしろ、こうしろと指図されても、そんな紙切れ一枚で私のことがわかってたまるか、と言いたい。私には、部下の能力を最大限に引き出し、さまざまな問題を解決し、作業工数を管理するという、もっと優れた才能があるのだ。そのほうがよっぽど重要だから、部下も、同僚も、マネージャーも、デスクが散らかっているくらい笑って許してくれる。

人には適応能力がある。それこそ人間ならではの優れた能力のひとつだ。私たちは周囲の環境や人に慣れる。たとえ欠点のある人でも、その人がほかの部分で頼りになるなら、欠点には眼をつぶることもできる。そこが肝心で、やはり何らかの才能は持っていなければならない。しかし、才能はあってもリーダーと呼べない人はたくさんいる。**リーダーをトップに押し上げるのは、何が何でも成功してやる、というやる気や意志だ。**

ナルシシスト型のリーダーは、他人からの賞賛を求める気持ちがやる気に火をつける。自己実現型は、世の中を少しでもよい場所にしたいという情熱や強い思いに動かされる。ビジョナリー型は、自分のビジョンを実現したいという思いに動かされる。何らかの原動力があるからこそ、苦労をものともせず、目標に向かってたゆまぬ努力を続け、周囲の人びとをインスパイアしてついてこさせることができる。そのような原動力が内的なものか外的なものか、利他的か利己的なものかは関係ない。ただし、原動力はあっても必要な才能が伴わなければ、たいした成果は出せない。しかし、どんなものであれ才能があれば、いろんな才能を持った人たちとチームをつくってやっていける。それなのにいったい何のために、実際にはリーダーシップ能力とはほとんど関係のない、おびただしい数のスキルを社員に身につけさせる必要があるのだろうか？　リーダーシップ研修への参加者を選ぶにしても、「やる気」を試すのはじつに簡単だ。誰でも参加可能にしつつも、申し込み手続きをうんと厳しく大変にすればいい。そうすれば、本当にやる気のある者だけが応募資格を満たすことになる。

謝罪したい「スキル開発」研修の実態

人材コンサルタントの友人を相手に、リーダーシップコンピテンシーについて話し合う、というより不満をぶちまけると、「そうは言うけど、コンピテンスモデルにも社員にとってためになることがいろいろあるんだよ」と反論されることがある。

コンピテンスモデルはたいていの社員研修プログラムの基盤になっているほどであり、社員の能力開発やトレーニングに価値があることは私も認める。実際に多くの証拠が示しているとおり、研修や能力開発など社員のための投資を行う企業は、行わない企業に比べて業績が上回っている。

しかし、私にはやはり、全社員に30にも及ぶスキルを一定のレベルまで身につけることを要求し、そのために会社がカネを出して研修に参加させるのは、実際には真のリーダーシップ開発を妨げているとしか思えなくなったのだ。

これについては、私は謝らなければならない。１９９０年代の初めには私自身、そのようなコンピテンシー開発の先頭に立って、詳細なコンピテンスモデルの構築にたずさわっていたからだ。本当に悔やまれてならない。

１９９４年、私はジェミニ・コンサルティングで社内研修を担当する部門で働いていた。当時は「ジェミニ・スキルズ・ワークショップ（ＧＳＷ）」と呼ばれる２週間の新人コンサルタント向けの研修しかなかったが、このプログラムは多くの理由で社内のベストプラクティスと見なされていた。

まず、内容が実際のクライアントのプロジェクト事例に基づいており、新人たちはいくつかの重要なスキルについてしつこいくらいに訓練させられる。そして、２週間みっちりと担当者から指導を受け、ほかの参加者からもフィードバックがもらえる。さらに、ＧＳＷは新入社員どうしの絆を急速に深め、会社のカルチャーや専門用語や価値を叩き込むのにも役立った。このプログラムの長所のひとつは、会議の進め方やブレインストーミングのテクニックやクライアントへのインタビューなど、きわめて重要ないくつかのコンサルティングスキルに的を絞っている点だ。

GSWの目的は、すべての新入社員がプロジェクトについた初日から即戦力になること。我々はコンサルティングスキルのロードマップを作成し、GSWの修了時に到達すべきコンピテンスレベルを示した。これにより、プロジェクトマネージャーにも新入社員がどんなスキルを習得したかがわかるので、適切な業務を割り当てることができる。

研修の内容をつねに刷新するため、担当者は定期的に会社のリーダーたちを対象に調査を行い、どんなスキルに力を入れて教えるべきかを決定した。必要に応じて新しい教材を導入することもあったが、基本的なスキルの内容はほとんど変わらなかった。

「お勉強」している間に状況が変わる

会社が大きくなり、ビジネストランスフォーメーション戦略に乗り出したころ、経営陣はコンサルタントの研修をさらに強化する必要性を感じた。それがきわめて重要になったのは、将来に備えた人材確保のために新卒をどんどん入社させるようになり、経験者の採用が減ったからだ。GSWが非常に効果的だったので、経営陣は同じようなタイプの研修を設けることを望んだ。こうして「ジェミニ・ユニバーシティ(GU)」の構想が生まれた。あとは何を教えるかを決める必要があった。

我々は「**コンピテンシー**」のコンセプトを採用し、全社に適用することにした。その頃には「コンピテンシー」という言葉もビジネス用語として定着していたので、コンサルタントのためのさまざまな分野のコンピテンシー開発やトレーニングを設けた。非常に大規模な研修で、業界別(金融、製造業、その他)や業務区分別(オペレーション、戦略、IT、その他)、機能領域別(サプライチェーン、営業マーケティング、その他)に設定した研修を全員に受けさせる。最終的にできあがったのは、各担当領域によって求められる数々のコンピテンシーと、それを習得するための必修のトレーニングだった。

業務オペレーションコンサルティング部門のトップが、サプライチェーン担当者全員に、APICS(アメリカ生産・在庫管理協会)の資格を取得するよう義務付けたが、それ以外のほとんどの研修プログラムはGUによって社内で行われた。初回のGUはニュージャージーで開催され、参加者が多かったこともあり大成功と見なされた。これはうまくいくにちがいない、と我々は考えた。会社の将来の成功のために必要なスキルを、社員がどんどん身につけていくのだから。

最初からはっきりと感じたわけではないが、GUプログラムの雰囲気は、新入社員研修（GSW）とは何となく異なる感じがした。規模はGUのほうが10倍も大きかったが、GSWの参加者のほうが楽しそうに見えた。

その後も半年ごとに、GU研修はパリとニュージャージーで交互に行われた。私も講師として講座を担当するようになり、数年間教えたが、ほとんどの参加者がつまらなそうな顔をしているのに気づいた。「どうしてそんなにむっとしてるの？」と何人かに訊いてみたところ、せっかく研修のために貴重な時間を取ったのに、受けたくもない講義で時間をムダにしているから、という答えが返ってきた。

ほかのコンサルティングファームでは、コンサルタント自身が希望する社外会議や外部研修への派遣を行っていたが、ジェミニでは社内研修しか行っておらず、しかも必修科目を設けたせいで選択肢はさらに狭くなってしまったのだ。

私自身、サプライチェーンを担当した経験があるので、参加者が新しいコンピテンシー開発コースに不満を持っている理由について、同僚と話し合ってみた。会社でもとくに優秀なコンサルタントの多くは、大企業のサプライチェーンのプロジェクトを担当した経験があるため、いまさらAPICSの資格を取得する必要性などまったくなかったのだ。

マークシート式のテストに受かったところで、10年も15年も現場で培った経験に勝るはずがあるだろうか？　そんなことより参加者が学びたがっていたのは、「ＳＡＰ」という新しいソフトウェアのことや、登場したばかりの「ｅコマース」についてだった。

しだいに彼らは他のコンサルティングファームへ移り始め、あとに残ったのはまだ経験が乏しく資格が必要な新人や、ＳＡＰやｅコマースなんて聞いたこともないような社員ばかりだった。

そしてタイミングの悪いことに、我々が社内のコンサルタント向けに、大規模なビジネストランスフォーメーション案件のためのスキル研修をせっせと行うあいだに、経済はやがて回復し、クライアントはもはや大規模な変革など望まなくなっていた。Ｙ２Ｋ（２０００年問題）が目下、最大の懸案事項となり、インターネットが急激に広まろうとしていた。にもかかわらず、我々はそうした状況を見過ごしていたのだ。

何でも得意になろうとして「凡庸」になる

コンピテンシー開発は、たとえよいアイデアに思えても、大規模に行った場合には社員の標準化にしかならない。考えてもみてほしい。必要なスキルやコンピテンシーを分析し、紙やコンピューターを使ってアイデアをまとめる。必要なコンピテンシーを習得するための研修を立ち上げ、何年もかけて全社員に受講させる。その結果、どういうことになるか。

第1に、すべての社員に同じスキルを同じ方法で教えるということは、皆に同じように考え、同じように行動させることにほかならない。すべてにおいて平均的なコンピテンシーを求めることによって、組織全体を凡庸にしてしまうのだ。

第2に、研修の規模が大きすぎて、コンピテンシーの内容を定期的に変更することができない。そうなると、固定されたスキルセットを押し付けることになる。

第3に、このモデルにはイノベーションや、クリエイティビティや、オリジナリティが生まれる余地がない。コアコンピテンシー開発の意図は、将来に向けて競争力を強化することだったのに、将来どんなコンピテンシーが必要になるかも見きわめられないありさまだ。

社員が自分にとって興味のあるテーマを追求し、奇想天外でわくわくするようなアイデアを学べるようにしなければ、将来はいまとはまったく別のコンピテンシーが必要になることにどうやって気づけるだろうか。多様な考え方が生まれ、新しいアイデアが次々に取り入れられ、個人の情熱を追求できる環境があってはじめて、イノベーションは可能となる。

さらに、このシステムが基づいている前提そのものにも欠陥がある。これらのモデルの多くは、リーダーシップコンピテンシー、すなわち、ある特定の分野で優れたリーダーになるために必要なスキルを身につけるためのものだ。しかし、優れたリーダーになるためにはどんなコンピテンシーが必要なのか、実際のところは誰にもわかっていない。

ナルシシストだけが昇進していく組織

では、自己実現型のリーダーシップに話を戻そう。自分にとって興味のあることを追求せずに、どうやって自己実現ができるだろうか？

スティーブ・ジョブズがたどった道のりを考えてみよう。彼はコンピューターに興味を持ち、独学で技術を身につけた。リード大学を中退したあとも、カリグラフィーの授業には興味が湧いて聴講した。それがきっかけとなり、優れたデザインに対するこだわりが生まれた。自己啓発のためにはるばるインドまで赴《おもむ》いたものの、結局、どんな導師《スワーミ》よりもトマス・エジソンのほうが世界に大きな影響をもたらしたことに気づいた。このようにジョブズに影響を与えたできごとはいずれも会社や学校とは無関係だった。

私も自分のキャリアを振り返り、よい人間に、そしてよいリーダーになるために役立ったことは何だろうと考えてみると、その多くはやはり会社とは関係のないことだと思う。一番は何といっても親業だ。子育てをするようになって、私はマネージャーとしてもずっと成長した。というのも、いつも自分の思い通りに相手を動かすのではなく、相手なりのやり方を認めることを学んだからだ。2歳児に向かって「ボスは私よ。言う通りにしなさい」などと言ってもしょうがない。

研修については、最も役立った講座はシステムダイナミクスや神経言語プログラミング、そして人間関係の重要性に重きを置いた女性リーダーシッププログラムだった。最後のひとつだけは企業研修の一部だったけれども、必修科目ではなく推奨科目で外部の研修プログラムだった。やはり自分から選んで参加したか、強制的に参加させられたかのちがいは大きい。

社員を標準化することの大きな問題点として最後に挙げたいのは、仕事における自己実現のチャンスを妨げてしまうことだ。能力開発の機会は必修の研修プログラムしかなく、おまけに自分にはまったく適性のない職務に就いているとしたら、仕事に情熱を見出せる可能性はゼロに等しい。

仕事に情熱を見出せなければ、人びとをインスパイアするほど圧倒的な将来のビジョンを描くことなどできるはずがない。偉大なリーダーの3つのタイプを思い出してほしい——自己実現型、ビジョナリー型、ナルシシスト型だ。

決められたコンピテンシーを身につけるように要求されるせいで、自己実現やビジョンの実現が難しくなってしまったら、どういうことになるだろうか？ 考えるのも恐ろしいが、タレントマネジメントシステムがこれだけ広く浸透しているということは、**企業はナルシシストだけがトップにのし上がれる仕組みを提供しているのかもしれない。**

受けたくなる研修しか意味がない

社員が習得すべきリーダーシップの特性を並べ立てたリストなど、廃止しなければならない。優れたリーダーの特性など、本当のところは誰にもわかっていないのだ。おびただしい数の必修科目やeラーニングの講座もやめるべきだ。

もちろん、社員には研修の機会を与えるべきだが、「社内研修」「社外研修」「自分で自由に見つけてくる研修」という選択肢を用意する。社内研修では、すべての社員が身につけるべきスキルは5つぐらいまでに絞り込む。

コーチング、フィードバック、対立解消などのコミュニケーションスキルは妥当だろう。ブレインストーミングや問題解決、クリエイティビティツールなどもよいだろう。新任マネージャー研修も必要である。

それ以外では、社員自身が興味のある研修や会議を自由に見つけて参加できるようにし、誰も聞いたこともないようなことも学べるようにする。そして、新しいことやわくわくするような面白いことを学んだら、それを社内で共有するのだ。

私たちがグループで仕事をするのは、お互いの長所を生かし、短所を補い合うためなのだから、ひとりで何もかもできるようになる必要はない。

では、どうすれば会社の将来のリーダーを見出し、その才能を伸ばすことができるだろうか？　これは会社が生き残っていくために、どうしても欠かせないことだ。

「やる気」「情熱」「ひたむきな追求」「野心」「崇高な目的に対する使命感」など、表現は何であれ、リーダーになる人には、必ず成功するんだ、という強い意志がある。利他的な目標であれ、利己的な目標であれ、リーダーは目標を達成するために不断の努力を重ねる。そういう人間は職場でも際立っているだろう――仕事をきっちりやり遂げ、積極的にチームを率いる人や、目立つ存在でみんなから頼りにされている人。そういう人間がいるはずだ。

もしそういう人材があまり見つからないようなら、参加申し込みの手続きが非常に大変であることを部下に説明したうえで、リーダーシップ研修に申し込ませる。**そうすれば、本当にやる気のある者だけが応募するだろう。**

第8章

「ベストプラクティス」は〝奇跡〟のダイエット食品

――「コンサル頼み」から抜け出す方法

「科学的管理法の父」のまちがい

「科学的管理法の父」として知られるフレデリック・テイラー（1856年～1915年）は、経営コンサルタントの先駆けであり、本格的な経営学の専門家としても最初の人だろう。1911年の著書『科学的管理法』（ダイヤモンド社）は数十年にわたるベストセラーとなり、テイラーの思想はアメリカの大企業の経営に影響を与えた。

テイラーは講演活動を活発に行い、有名企業のコンサルティングや政府へのアドバイスも行っていた。おそらく最大の功績は、自身も教鞭を執っていたハーバードビジネススクールのカリキュラム開発に協力したことだろう。モニタリングや計測、唯一最善の作業方法の確立など**「テイラー主義」**の考え方は、彼の死後百年経った現在でも生き残っている。

マシュー・スチュアートは著書『経営神話（*The Management Myth*）』（未邦訳）において、テイラーを評してこう述べている。「立証可能なデータや再現可能な方法論の代わりに、もっともらしい数字や、出所の不明な難解な公式で飾り立てたエピソードを並べ立てたにすぎない」

たしかにテイラーにはいい加減なところがあったようだ。実際には何の関連性もないような大ざっぱな計算を行って、その効果を過大に見積り、クライアントには過大な料金を請求し、データをごまかして見事に成功しましたと宣言する――**まさに現代の経営コンサルタントの先駆けである**。

テイラーの没後すでに約一世紀が経ち、さまざまな洞察が得られた結果、我々は彼の思想をしっかりと検討し、評価することができる。科学的管理法は工業化の時代に盛んに用いられたが、こんにちでは「テイラー主義」といえば軽蔑的なニュアンスが強くなっている。だが偉大な思想家の例にもれず、テイラーの思想にも有益なものと有害なものがあった。有益なものとしては、たとえば次の例がある。

・より効率的な作業方法を確立するために作業内容を分析する。
・従業員を放任せず、訓練する。
・作業を適当に割り振らず、従業員の能力に見合った作業を与える。
・心身の疲労を防ぐため、十分な休息を与える。
・従業員をやる気にさせて生産力を上げるため、インセンティブを与える。

テイラーの思想の多くがいまも実践されているいっぽうで、やはり何と言ってもテイラーの名を連想させるのは、百年前の組立ラインを支配していた、決まったとおりの手順に従う機械的な作業方法だろう。

テイラーは、考える仕事は肉体労働や単純作業とは区別すべきであり、考える仕事のできる従業員はわずかしかいないと考えていた。そして、考える仕事をすべきマネージャーが業務の計画や基準の設定を行い、残りの従業員はマネージャーの言うとおりに、厳格な基準に従うべきだと考えた。

この方法論によって職場から人間性が奪われた結果、ついにマサチューセッツ州のウォータータウン兵器廠《へいきしょう》ではストライキが発生した。また、彼はストップウォッチ実験〔テイラーは生産工程を細かい動作に分解し、各動作にかかる時間をストップウォッチで計測して標準的作業時間を算出した〕を行う際にも、人間の個人差というものをまったく考慮しなかった。

有名な例では、土などをシャベルですくうために最も効率のよい作業方法を見つけるにあたり、テイラーは人による身長や体力の差や体型のちがいを考慮せず、最も体が大きく頑丈な作業員の動作を観察した（効果見積りも、その作業員の能力に合わせて行った）。しかも、その作業員に、長く続けることなどできないような最高のスピードで作業をさせたのだ。

「お手軽なステップ」をいつまでも繰り返す

現在ではテイラー主義は大部分において否定されているとはいえ、企業は事業をモニタリングや計測や最適化することによって成功できるという考え方は、現代の経営手法にもいまだに残っている。

我々はテイラーの効率化運動のお題目をいまだに唱えているのだ——「がむしゃらに働くより、効率よく働け」「少ない労力で、多くの成果を」。いまもなお業務を測定することが企業経営のカギだと信じ、「経営科学」などと呼んでいる。しかし、テイラーや多くの経営コンサルタントは履きちがえていたようだが、企業経営は科学ではない。

科学における物体には意思がないため、自然の法則に従って動く。物体には意識もなければ、エゴも、感情も、ユーモアのセンスもない。

それとは対照的に、私たち人間の属する動物界では、ビックリするようなことが次々と起こる。ペンギンにはゲイがいるとか、バクテリアは複雑な言語を「話す」とか、ハトは迷路を抜け出せるとか、いったい誰がそんなことを想像しただろうか？

それなのに経営科学は、人間は定められたルールに則って行動する理性的な存在である、という前提に立っている。

個々人のことを考えれば、人間は必ずしも理性に従って行動するわけではないとわかっているのに、人間を集団としてとらえると、なぜか非理性的な部分は見えなくなり、理性的に行動するものと考えてしまうのだ（いったい何人くらい集まると、非理性的なはずの人間が理性的な存在にされてしまうのだろうか?）。

実際、企業経営は科学ではないから「答え」などないし、ましてやビジネスの「ソリューション（正解）」など存在しない。にもかかわらず経営理論は、多数の方法論やあらかじめ用意されたソリューションでできており、成功への手順を指示するのだ。

ビジネスの世界には、ベストプラクティスに従えば成功できるという考え方が浸み込んでおり、その前提を疑う人はほとんどいない。だから、「プロセスリエンジニアリングは、ほとんどの場合、期待した成果は得られない」「合併買収はほとんど失敗する」「幹部にインセンティブ報酬を支給する企業は、支給しない企業よりも業績が低い」といった事実が実際にデータで示されても、企業の幹部はベストプラクティスの理論がまちがっているのではないかとは考えず、自分たちがどこでやり方をまちがえたのかを突きとめ、もう一度やってみようとする。

こうしたメソッドやソリューションは、ビジネス界における流行りのダイエット法や奇跡のダイエット食品みたいなものだ。企業の幹部が魔法のような解決法や「これさえやれば大丈夫」というステップ式アプローチを探し求める限り、企業経営の健全なアプローチを策定することはできない。

ビジネスも生活と何ら変わらない。それどころか生活そのものだ。健全なビジネスを営むために必要なものは、健康的な生活を送るために必要なものと同じなのだ。流行りの方法や「これさえやれば」の簡単なステップは、どちらに対しても効き目はない。

頭を使いたくないからコンサルに決めさせる

もうずいぶん前に気づいたのだが、人間性に逆らって働くよりも、人間らしく働いたほうがずっとラクだ。さらに重要なのは、社員が人間らしく働ける会社のほうが、社員の人間性を奪うような会社よりも、成功する確率が高い。

テイラー主義では基本的に、人間を機械のように働かせ、人間性に逆らって行動させようとする。マネージャーというのは得てして自分たちの取り組みが失敗した原因を、社員が決められたとおりに動かなかったせいにするものだが、宇宙飛行やインターネットやアニメやミュージックビデオを開発した人類は、厳格なプロセスに従ったり、完全に理性に従って行動したり、会社の方針に従うために自己の尊厳を犠牲にしたりするようになどできていないのだ。

だから企業の幹部は、人によるばらつきをなくすために厳格なプロセスを従業員に押し付けたりせず、むしろ人によるばらつきを生かすための道具として、これらの手法を用いる必要がある。職場から人間性を排除するのではなく、むしろできるだけ人間性を生かす努力をすべきなのだ。

それには、ソリューションやメソッドや理論は「真理」ではなく、物事の仕組みに対するひとつの考え方にすぎないことを、ちゃんと理解しているかどうかが重要だ。洞察を深めるために他人の考えから学ぶのはいいが、なかにはまちがった考え方もあるかもしれないことは、しっかりと認識しておく必要がある。

どうしたらよいアイデアと悪いアイデアを見分けられるか？　それは考えることから始まる。というより、まずは考えようとすることから始まる。

企業の経営の行き詰まりについてはコンサルタントにも大きな責任があると思うが、企業の側にも落ち度がある。多くの企業はコンサルタントを雇って、自分たちの代わりに考えてもらおうとする。企業が戦略の策定や、リストラや、合併の実現可能性の検討などをいつもコンサルタント任せにしてしまうと、あなたの会社のことを何もわかっていない人間が、あなたの会社のビジネスについて最も重要な意思決定を行っていることになる。
テイラー主義の最大の欠点のひとつは、考えることと作業を切り離してしまったことだ。その負の遺産はいまもなおビジネスの世界に受け継がれ、考えるよりもとにかく作業を完了させることを重要視する傾向がある。答えをはじき出してくれるソフトウェアのプログラムやチェックリストやスプレッドシートに頼るか、それとも頭を使って考えるか――**多くのビジネスでは頭を使わない方法を選択するのである。**

考え方を変えるのは最も難しいことでもあり、最も簡単なことでもある。そこで、コンサルタント抜きで考えるためのエクササイズをいくつか用意した。ポイントは、あなたの会社のビジネスについて、これまでとはちがった観点から考えられるようにすること。

流行りの経営手法など忘れ、ビジネスにも生活にも使える健全な考え方の枠組みをつくってみよう。ただし、このエクササイズはソリューション（正解）ではなく、あくまでもいい加減でまちがった通念を見分けるためのものである。

「人間性を向上させる」ことを考える

企業の礎《いしずえ》が人であるならば、社員の向上に資することは何でもビジネスの向上につながるはずだ。私が思うに、組織は4つの要素でできている。「個人」「サブグループおよびサブグループ同士の交流」「全体グループ」「全体グループとその外部の世界との交流」だ。

以下は新しいプログラムや取り組みが組織の役に立つか、あるいは害になるかを判断するために私が使っている物差しである。どんな取り組みであれ、次の4つのうちの1つでも該当すればよいだろう。

〈社員同士の交流を改善する〉

私がプロセスリエンジニアリングのプロジェクトで最も大きな成功を収めたのは、部門間の関係の改善がうまくいったときだった。プロセスリエンジニアリングと品質管理サークルの活動で行った初期の取り組みによって、社員が部門を越えて協力し、問題の解決や情報共有を行うようになったのだ。

タレントマネジメントシステムの最大の問題点は、ペーパーワークや評価付けに追われるせいで、社員同士の交流が妨げられることだ。ナレッジマネジメントの取り組みがときに失敗するのもそのせいである。書類から知識を得ようとするばかりで、人から学ぶ機会を失ってしまう。

もし研修予算に余裕があるなら、私がいつも勧めるのはコミュニケーションのトレーニングだ。組織の階層を問わず、風通しのよい率直なコミュニケーションが行われるようになるほど、問題点や課題が早い段階で明らかになり、すみやかに解決されるようになる。

私の経験から言っても、ビジネス上の問題の多くはコミュニケーション不足によるものであり、コンサルタントとしての私の真価は、異なる部門や階層をつなぐコミュニケーションの橋渡しとなることで発揮されることが多い。企業にとってはえらくカネのかかるコミュニケーション方法ではあるが。

これから実施するプログラムが社員の交流の改善に役立つならば、成功する確率は高い。逆に社員の交流を希薄にしてしまうなら――せいぜい健闘を祈るしかない。

〈判断力を強化する、または考え方を広げる〉

これまでより優れた情報や、より多くの洞察、より明確な報告が得られるなど、意思決定や判断力の強化に役立つような取り組み。

サプライチェーン業務の自動化は大きな利益をもたらした。すべてのサプライヤーとベンダーが同じ情報データを参照できるようになり、それに基づいて意思決定を行うようになったからだ。戦略計画は知識の増強に効果があるし、指標も役に立つだろう。

ただし、自分たちで判断を下す代わりにそれらのツールを利用するのは問題である。一枚の紙切れや複雑な情報システムには、人間のように分析したり、情報を集めて統合したり、結論を導いたりする能力は備わっていない。また、顧客がコールセンターに電話をかけ、プッシュボタンでメニューを選ぶと、自動音声に従って案内されるが、そのような仕組みもやはり人間の判断を排除しようとするもので、不愉快に思う顧客は多い。しかし、よくある問題や顧客の購入履歴に関する情報のデータベースは、顧客サービス担当者の判断を助ける材料となるため、問題の解決に役立つ。

検討すべき問題点を洗い出すためのチェックリストと、評価をはじき出すためのチェックリストには大きなちがいがある。問題点を洗い出すためのリストなら、問題点を追加しても検討事項が増えるだけなので、みんな気にとめない。しかし、リストの全項目を計算して評価点を出す場合は、リストはできる限り簡潔なほうがいいので、本来ならば意思決定のために検討すべき情報であっても加えない場合がある。

したがって、これから実施する自分たちの取り組みを、思考の質を向上させるものにすること。ただツールを使うだけで、考えることがおろそかになってはならない。

〈社員が生活を楽しめる環境をつくる〉

オフィスの什器《じゅうき》をアップグレードしたり、会社でピクニックを主催したりするなど、社員が楽しく働ける場を提供するための取り組み。会社が社員の生活向上を図るための取り組みは何であれ、顧客や地域社会や株主との関係の改善にもつながるはずだ。

人間は互いに人生を生きるに値するものにする義務がある。文明の進歩に従って、大量虐殺や奴隷制度はほとんど見られなくなっている。月給取りだからといって、会社で奴隷のように扱われるのを我慢すべき理由などありはしない。

私自身、さまざまなひどい労働環境を目にしてきた。そのほとんどは工場であり、騒音の激しい不潔な環境で、冷暖房もなかった。従業員はしょっちゅう病気で休み、何かと口実を見つけては休憩を取ろうとしていた。それも当然だろう。しかし、清潔で、空調が整備され、騒音がコントロールされた工場もある。そういう環境では、従業員の休み癖が問題になることはない。

コスト削減を口実に、従業員を奴隷のように扱うことがあってはならない。ただでさえ職場はストレスにあふれ、まともな休暇も取れないのに、長時間労働を強いられ、昼食をとりながらの仕事も当たり前のようになっているのだ。効率の面から考えても、ふざけた話である。社員が思考能力を働かせ、生産的であるためには、休息や運動が必要であり、定期的な休憩も欠かせない。ところがコスト削減の取り組みでたいていまっさきに削られてしまうのは、無料のコーヒーや、社員食堂の安いランチや、ジムの会員費の割引など、社員の福利厚生サービスなのだ。

そうやってコストを削減したものの、そういうサービスこそが生産性の向上に役立っていたことに気づいても、あとの祭りである。

社員への投資が、収益や利益の増加など会社の業績向上につながることを示すデータはいくらでもある。

〈顧客の生活を豊かにする〉

顧客を大切にする最良の方法は社員を大事にすることだと思うが、顧客をあまりにコケにしている会社のエピソードをうんざりするほど聞いたので、4番目にこれを入れてもよいだろう。そういう企業はカネ儲けしか目標がなく、どうやって永続可能なビジネスを生み出そうというのか、まったく理解できない。

大事なのは、お金をいただく価値のあるものを創り出すことではないのか？　それは、ただカネ儲けが目的のビジネスとはわけがちがう。私たちがアップル社の製品が好きなのは、まさか利益率が高いからではないし、薬を買う理由も、製薬会社の一株当たりの利益が高いからではない。わずかでも、自分たちの生活をより良いものにしてくれると思うからだ。買ったもので生活がより良いものになると思えば、みんな進んでお金を払おうとする。

私の経験から言っても、「どうしたらもっとよいサービスを提供できるか」と言っていた企業が「どうしたら最も儲かる業務契約を取ってこられるか」と言い始めたり、「どうしたら人の命を救う薬を開発できるか」と言っていた企業が「どうしたら巨額の利益を出せる薬品を開発できるか」などと言い始めたりしたら、**企業が衰退に向かっている警告のサインだ。**

お金は成功の指標のひとつにすぎないと私は考えている。お金は手段にしてもよいが、目的にしてはならない。お金が目的になってしまうと、価値を付加することがおろそかになり、やがて会社が滅びることにもなりかねない。

世の中に新たな価値を提供するための取り組みならば、会社の価値も高まる可能性が大きい。

「私生活ならどうか」と考える

イノベーションのエクササイズでよく行われるのが、解決したい問題をまったく別の場面に置き換えて考えるという方法だ。たとえば、自社の商品をもっと早く市場に送り出す方法を探すのであれば、家を建てるとか、彫刻作品を制作するとか、まったく異なる状況で何かを早くつくる方法を考えてみる。

そこで、仕事上のプログラムや取り組みが、私生活でもうまくいくかを考えてみよう。もし自分のやろうとしていることが、仕事以外の場でうまくいかないとすれば、仕事でもうまくいかない可能性が高い。これから登場するいくつかのシナリオは（少々バカげているかもしれないが）、本書で述べてきた問題について私生活の状況に置き換えてみたものである。

〈戦略計画開発〉

セアラは米国アイビーリーグの名門大学出身で、現在は一流のコンサルティングファームで働いている。会社からはＭＢＡを取得するようにせっつかれているが、まだこの先どんなふうに生きていきたいのか、自分でもよくわかっていない。

彼女がこれまで本当に面白いと思ったコンサルティングプロジェクトは、公共政策の分野だけだった。そこで、彼女は数名のライフコーチを雇い、自分の5カ年のライフプランの設計を依頼した。ライフコーチのチームは、さっそくセアラ本人や、彼女の家族や友人にインタビューを行い、次のような計画をまとめた。

まず、ニューヨーク大学のロースクールへ入学し、国際法を学ぶ。その後、一流の国際法律事務所に入り、世界を股にかけて活躍する。やがてその事務所のパートナー（役員）と恋に落ちて結婚し、一男一女を育てながら、パートタイムで法律の仕事を続ける。

しかし、もし千載一遇のチャンスが巡ってきて、セアラに世界銀行関連の海外のコンサルティングプロジェクト案件がオファーされたら、いったいどうするべきだろうか？　オファーを受けたら5カ年計画は台なしだ。それでも、オファーを受けるべきだろうか？

〈プロセスのベストプラクティスを実行する〉

家計を見直したところ、出費が収入をはるかに上回っていることがわかった。自分は高給取りでとくに目立った出費もないはずなのに、まさに青天の霹靂《へきれき》である。明らかに家族の誰かがムダ遣いをしているのだ！　これは家計簿が必要だと思い、インターネットで家計簿のテンプレートを探してきた。夕食後、家族にそのテンプレートを見せ、今後は全員それに記入するよう言い渡した。

1カ月後、もういちど家計を見直したところ、まだ問題は解決していなかった。家族は全員テンプレートを使っていたが、未記入の出費項目がたくさんあったのだ。そこで、やむなく家計簿ソフト「Quicken（クイックン）」を購入し、家族全員のパソコンにインストールした。これでめでたく、すべての出入金が自動的に記録されるようになった。

1カ月後、「Quicken」のレポートをチェックすると、家計はいまだに赤字だった。「Quicken」で数えきれないほどの出入金項目を見直したところ、どうやら費目分類のまちがいがたくさんあるようだ。こうなったら、もっと強力なソフトウェアを購入して、プロセスの実施を強化しなければなるまい。

〈ターゲット目標〉

ラリーは子どものサッカーチームのコーチをしている。昨年のチーム成績は悲惨だったので、今年は子どもたちのやる気を出させるため、いくつか新しい方針を実施することにした。ラリーは適性テストを実施し、ポジション決めだけでなく、各メンバーの目標設定も行った。セーブやゴールをいくつ決めるか、あるいはディフェンス

について も、ポジションに応じて目標を決めた。
試合ごとの目標とシーズンごとの目標がある。試合で目標を上回った子は、ごほうびにダブルのアイスクリームが食べられる。目標を達成した子は、シングルのアイスクリームを食べられるが、目標を達成できなかった子は、チームメイトがアイスクリームをおいしそうに食べているのを、指をくわえて見ているしかない。はたして、このチームの行く末はいかに？

〈**業績考課**〉

私の眼から見て、うちの子どもたちの成績は、目指すべきレベルに達しているとは言えない。今年の12月には、子どもたちの態度や目標の達成度を振り返り、何をもっとがんばればよいか、しっかりと話し合うつもりだ。改善に役立てるため、学校の成績、運動、社会的リーダーシップ、ビジネス感覚の各項目で子どもたちの評価を行う。

人生で成功するために、子どもたちには各項目について最低限の能力は身につけてもらいたい。総合評価によって、新年からのお小遣いの増額あるいは減額を決定する。**さて、こんなふうに育てられた子どもたちは、将来、どんな病気で精神科にかかるだろうか？**

〈パフォーマンスコーチング〉

子どもたちの成績を上げるいっぽうで、夫もどうにかしなければならない。夫は絶対に皿洗いをしてくれないので、頭にくるのだ。この問題に対処するため、私は対人関係のスキルを磨く講座に1週間かよい、ASCA（「許可を求める」「具体的に表現する」「影響を考える」「行動を起こす」）というフィードバックモデルを習得した。このASCAモデルを試したところ、夫はもっと皿洗いをすると約束したのに、結局、何も変わらなかった。

「フィードバックのコツ」のチェックシートを使って振り返ってみると、何をしてほしいかをもっと具体的に伝えるべきだったことに気づいた。そこで、いつ、どのように皿洗いをしてほしいかを詳細に記したアクションプランを作成し、夫に渡した。彼はあきれたような顔で私を見つめた。さすがにもう私の手には負えないから、離婚を申し立てるしかない。

〈業績不振のアクションプラン〉

困ったことに、ジャンの仕事は転勤が多く、子どもたちも転校を繰り返していた。だが幸い、子どもたちは頭がよく、適応力もあり、たいてい新しい学校にもすぐになじんだので、これまで成績が下がったことはなかった。しかし今回の引越しでは、長女は新しい学校になじめず、成績がひどく下がってしまった。

娘の話によると、今度の学校はサッカーとチアリーディングが盛んらしいが、あいにく娘はどちらにもまったく興味がなかった。なのに、どの先生も授業の際にサッカーやチアリーディングを例に使って説明をするらしく、娘は文句たらたらだ。

ひょっとしたら、試合に参加しないせいで、娘はいじめられているのではないだろうかとジャンは疑っている。よき母親としては、転校先を探すまえに、まずは娘の成績を合格ラインまで上げるためのアクションプランを作成するべきだろうか？

〈リーダーシップアセスメントおよび開発プログラム〉

アメリカ政治の現状は惨憺《さんたん》たるありさまだ。選挙の候補者のなかには、リーダーになるにはまったく相応《ふさわ》しくない人もいる。なぜ政治はビジネスからヒントを得ないのだろうか？　どの生徒も高校を卒業するまえにリーダーシップアセスメントを受けるべきだ。その結果、スコアの高かった者だけが選ばれて、アイビーリーグの名門大学で法律か公共政策を学ぶ。そうすれば、リーダーに相応しい候補者が次々に育っていくはずだ。

〈最後のバカげたシナリオ――コンサルタント選び〉

うちは結婚して10年、小さな子どもがふたりいる。最近、夫とはケンカばかり。お金のこと、家事の分担、ちっともラブラブじゃないことなど、何でもすぐに言い合いになってしまう。昨夜もまた言い争ったあと、私はこらえきれずに泣きだしてしまい、とうとう、自分たちの抱えている問題について話し合うことになった。

ふたりともまだお互いに愛情を持っていること、そして子どもたちのためにもうまくやっていきたいと望んでいることはわかったけれど、やはり外部の助けが必要だ。そこで、結婚カウンセリングを試すことにした。よいコンサルタントはいないかと自分たちでも探し、人にも推薦してもらった。見つかったのは次の5名のカウンセラーである。

・カウンセラーAは、結婚生活のあらゆる悩みを解決する、成功まちがいなしの5ステップのプログラムを用意。そのプログラムに従って指導を行う。第1ステップはウェブサイトに掲載されているため、家ですぐに始められる。

・カウンセラーBは、幼い子どものいる家庭の夫婦不和が専門。これまでに数多くの夫婦を扱ってきたため、問題の原因をぴたりと言い当てるという。相談者には解決方法をまとめたマニュアルが配布される。コンサルティングセッションが2回あるので、質問がある場合には、その際に尋ねることができる。

・カウンセラーCは、独自のアセスメントを用意しており、夫婦で診断を受ける。その結果にもとづき、結婚生活に関する問題のための標準的な解決ツールを使って、その夫婦に適した方法を考案する。

・カウンセラーDは有名で、著書が何冊もヒットしている。カウンセリング料は高く、予約もいっぱいで、すぐにはカウンセリングを受けられない。そのため、とりあえず独自のソフトウェアプログラムを購入するように勧められた。ステップ式のプログラムに従えば、結婚カウンセリングのあらゆる項目が網羅されるという。

・カウンセラーEは、まず夫婦に会って問題について話し合い、そこから解決へ導きたいという。

さて、あなたならどのカウンセラーを選ぶだろうか？

「まやかしの専門用語」をやめる

多くのビジネス問題の根本的な原因は、ビジネスとは「人」であることを見失い、ビジネス問題とそのソリューション（解決策）についてまちがった思い込みを持ってしまうことだ。そんなふうになってしまうのは、言葉の使い方のせいだろう。ご承知のとおり、ビジネスにはよくわからない専門用語があふれている。私自身、本書でもそうした用語を多用せざるを得ず、心苦しかった。

ふだん私たちは自分の使う言葉にどれほど影響力があるかなど、あまり考えることはない。しかし、自分の使う言葉によって、自分の考え方は左右される。したがって、ビジネスについての考え方を変えるのに最も簡単な方法は、ビジネスについての話し方を変えることだ。

私が自分の考えを述べると、決まったように返ってくる言葉がふたつある。私が「戦略計画は考え方を狭める」と考える理由を説明すると、「そんなのはとんでもない誤解だ」と同僚に反論されることがある。「だって戦略計画は〝生きた文書《リビング・ドキュメント》〟〈絶えず更新を必要とする文書のこと〉なんだよ」。**生きた文書?** ハリー・ポッターの映画じゃあるまいし、生きた文書なんて見たことありませんが。

冗談はともかく、問題はそこだ。計画のアップデートに必要な人員を割り振ったり、プロセスを実施したりするよりも、経営陣はとにかく戦略計画を「生きた文書」にすることにかまけて、肝心の業務をおろそかにしてしまう。魔法の文書に頼りきりで、自分たちの責任を完全に放棄しているのだ。

それからもうひとつ。「数値目標やインセンティブ報酬はかえって逆効果で、社員が悪い行為に走る可能性がある」と指摘すると、こんな反応が返ってくる。「ほかにどうやって社員にプレッシャーをかけてがんばらせる方法がある?」

いったいなぜ社員を追い詰める必要があるのか? とことんまで追い詰められたら、たとえどんな手を使ってでも、要求された目標を達成しなければならなくなる。実際、そのとおりのことが起きているではないか。

私たちは自分の使う言葉にもっと注意を払い、婉曲表現や格言など使わずに、本音を話さなければならない。そうしないと、問題の表面的な症状に対処するばかりで、問題自体を解決することはできない。

「効率性の向上」はすなわち、社員のクビを切ることを意味する。「リストラクチャリング」はさらに多くのクビを切ることを指す。問題をありのままに表現しない限り、問題を完全に理解したり、適切な対応を取ったりすることはできない。

次ページに、これまでの章に出てきたトピックを並べ、「本当はこう表現すべき」という代替案を併記した。表現のちがいによって、いかに考え方が左右されるかに注目してほしい。

専門用語を使うと、考え方が本筋からそれたり、狭まったりしてしまう。実態をありのままに表現してこそ、問題が初めて明らかになるのだ。

加えてなくすべきなのは、「とにかく最終収益を確保せよ」や「株主価値を最大化

専門用語を解読する

コンサル的表現	本当はこう表現すべき
〈将来のビジョンを描く〉インスピレーションが湧くでしょう? 誰だって将来のビジョンに向かってともにがんばろうと思うはず。	〈将来を予測し、その予測を現実にする〉そう言われると、どうも無理がある感じがする。そんなことが必要なのかどうか。
〈ビジネスプロセスリエンジニアリング〉ビジネスプロセスの図表の四角や棒線や矢印を並べ替えていくような感じがする。	〈人びとの働き方を改善する〉え、これだと意味が全然変わってくる。みんなで集まって話し合おう。
〈SMART目標〉もちろん、バカげた目標よりスマートな目標のほうがいい。	〈達成したい目標を掲げよう。それを他のちがった目標に変換しよう〉は? なんでそんなことしなきゃいけないの?
〈インセンティブ報酬〉部下をインセントする(やる気にさせる)のは当然のことだ(これを「スキーム」と言ったりするところがまたかっこいい)。	〈カネを使って人心を操る〉やり方が汚いし、悪影響が心配だ。
〈業績管理システム〉やっぱりこういうものは必要だろう。	〈個人の業務およびチームワークの向上〉そのためには、話し合うしかない。
〈業績が低迷〉やはり個人の目標・行動計画が必要だ。	〈能力がない(あるいは適性に乏しい)〉その人はトレーニングを受けるか、異動するしかない。アクションプランをどうするという問題ではないだろう。
〈リーダーシップ開発〉絶対に必要不可欠。将来のリーダーは次々に育成しなければならない。	〈リーダー育成のプロセス〉どうすればリーダーを育成できるか、その具体的な方法を本当にわかっている人などいるのか?
〈コア・コンピタンス〉今度は何だ、どういう意味だ?	〈仕事のスキル〉必要と言われるスキルが多すぎて、こんなの全部習得するのはムリ。つねにアップデートし続けないと意味がないし。

せよ」といったスローガンだ。第3章（133ページ）で、ただやみくもに減量するのと「体力をつけ、心身の健康状態を改善する」のとでは大きなちがいがあると説明したが、それと同じで、我々の本当の望みはそんなスローガンを実現することではないはずだ。

我々が本当に望んでいるのは、「健全な会社をつくり、その成長を維持すること」である。健全な会社をつくってその成長を維持するのと、スプレッドシートの数字をもてあそぶのとは大ちがいだ。健全な企業には、健全な環境で健全な関係を築く、健全な人びとによる健全な組織が必要なのだ。

本当に望んでいることをわざとわかりにくくするような言葉遣いは、ビジネスの世界特有の風土病であり、これは本当にやめる必要がある。

こうした専門用語を私と同じくらい嫌っているコンサルタント仲間もたくさんいるが、非はまさしく経営コンサルティング業界にある。我々コンサルタントこそ、専門用語をつくった張本人だ。

用語の多くは書籍やメソッドに由来しており、いずれもコンサルタントが思いついたり広めたりしたものである。この問題で厄介なのは、コンサルタントはソートリーダー（thought leader）としての役割を期待され、ソートリーダーシップをどれだけ発揮したかで評価され、報酬を得ていることだ。けれども、ソートリーダーシップの実態はどうだろう？　「ソート（思想）」は我々の頭のなかで作り上げるもので、「リーダーシップ」は他のみんなが自分の思想に従うように説得すること、といったところが。そういう意味で言えば、我々コンサルタントはじつにうまくやったわけだが……。

みなさんの生活に無意味な用語や、妄想のプログラムや、誤解を招くモデルを氾濫《はんらん》させた、すべての経営コンサルタントを代表して、心から深くお詫びします。

コンサルタントの「使い方」

とはいえ、経営コンサルタントは雇うべきではない、などと言っているわけではない。できるだけ無駄はカットし、業務委託も多いこの時代に、コンサルタントを雇わずに済ませるのは不可能に近い。とくに通常の業務分野以外のプロジェクトに取り組む場合などには、コンサルタントを雇う利点はいろいろとある。

事業会社での自分のキャリアを振り返ると、「コンサルタントなど雇わなければよかった」と後悔したのと同じくらい、「コンサルタントを雇えばよかった」と思ったこともある。コンサルタントを雇うのはパーソナルトレーナーや栄養士を雇うのと似て、わざわざお金を払っていると思えば、ちゃんとアドバイスに従っておこうと考えるものだ。

会社にとっては、外部の人の意見を訊くことで新たな視点を得たい、ということもあるだろう。

私は経営コンサルタントとして、企業とコンサルタントの双方にとってマイナスになっている状況を何度か経験したことがある。そういうことが起こるのは、たいていクライアント側が隠しごとをしたり、責任逃れをしたりする場合である。

クライアントが最もやってはいけないことは、コンサルタントを雇って、自分たちの代わりに考えさせることだ。コンサルタントは分析や提言を行い、さまざまな分野の知識を提供し、状況に対する新しい見方を示すことはできるが、企業の成功や失敗のカギを握るのは経営陣であるべきで、外部のアドバイザー任せにするべきではない。

もうひとつ、双方にとってマイナスな状況で私がとても嫌なのは、クライアントが自社の従業員からの忠言を信用しないケースだ。そういう現場に足を踏み入れた瞬間、コンサルタントは社員たちの敵意に満ちた視線を浴びることになる。最悪なのは、企業のトップが部下たちの意見が気に入らなくて、自分たちの意見を無理やり押し通すためにコンサルタントを雇うケースだ。カネさえ積めば、喜んで自分たちの望みどおりのことを言ってくれる人はすぐに見つかる。

コンサルタントが役に立つとき、役に立たないとき

コンサルタントを雇うべき妥当な理由	コンサルタントを雇うべきとは思えない理由
プロジェクトが政治的に厄介なため、会社の組織階層に関係のない外部の人による客観的なアドバイスが必要。	本来は自分でやるべきプロジェクトだが、仕事の優先順位がうまくつけられないので、外部の人員を入れたい。
異なる考え方から得られるものがあるはずだ。	(社内で支持が得られないので)自分の考え方を支持してくれる外部の意見がほしい。
自社にはない専門知識や業務経験が必要である。	意思決定が難しいので、コンサルタントに代わりに決めてもらいたい。
プロジェクトを完了させるには要員が足りないので、手助けがほしい。	自分ではやりたくないが、問題を解決しなければならないので、コンサルタントにやらせたい。
途中でほかの優先課題を抱え込んだりせず、プロジェクトの完了まで責任を持って担当してくれるプロジェクトリーダーがいれば助かる。	自分が先頭に立ってその取り組みを実施する自信がまだないので、会社とは関係ない立場の人が引き受けてくれたらありがたい。
組織のコミュニケーションがうまくいっていないので、階層や部門の橋渡しとなるパイプ役が必要。	組織がうまく機能していないので、外部の人に立て直してもらいたい。
新しい人が来て、新しい考えを持ち込んでくれたら、疲弊した組織も活性化するだろう。	魔法のような解決法を期待しているので、社内の人間の提案はどれも気に入らない。

右の表は、コンサルタントが役に立つケースと役に立たないケースに関する、私のアドバイスをまとめたものである。

コンサルティング案件の成功は、クライアントとコンサルタントの良好なパートナーシップの賜《たまもの》である。そのためには、両者が協力しなければならない。したがって、安心して良い関係を築けるようなコンサルタントを見つける必要がある。

ほとんどのコンサルタントは、クライアントの助けになりたいと心から思っている。しかしもちろん、なかには嫌なやつもいる。それがどんなに頭が切れる人間だとしても、嫌なやつと発展的な関係を築くことは望めない。

けれども、良心的なコンサルタントの多くは、自分たちのつくりあげたデタラメに効果があると信じており、それはそれで問題なのだ。かくいう私も、かつてはそういうモデルやメソッドを信じていたし、とくに自社が開発したのは優れものだと思っていた。

実施しても効果が表れない場合、コンサルタントはもう一度、もっとプロセスを厳密に実施するようクライアントにアドバイスする。ステップがひとつ飛ばされたか、きちんと実施されなかったのではないか、と考えるわけだ。コンサルタントとして望ましいのは、提言や解決策を示すまえに、まずクライアントの話をじっくり聞き、調査、分析、精査を行う人間だ。

最後に、コンサルタントを雇う際の参考に、望ましいコンサルタントと注意すべきコンサルタントについて、アドバイスをまとめておこう。

危険なコンサルタントの見抜き方

望ましいコンサルタント	注意すべきコンサルタント
いくつかの解決施策を提案するまえに事前分析が必要だと主張する人たち。	万能型の方法論やソリューションを提案し、事前の分析をろくに実施しない人たち。
何もかもきちんと説明したうえで、自分たちのアプローチについて要点を説明するとともに、クライアント側に対する要望も伝える人たち。	小難しい用語ばかり並べ立てる人たち。わかりやすい言葉で話さないのは、自分たちのやっていることを本当には理解していないか、クライアントに知られたくないからだ。
確実な線で効果を算定するまえに、やはり分析を実施したいと主張する人たち。金銭的な効果の見込みがすべて明確に説明され、漏れがない。さまざまな想定がきっちりと網羅されている。妥当な効果見積りを行い、水増しがない。	すぐに巨大な効果を約束する人たち。どんなに確実に思えても「返金可能だから」と押しつけてくるサービスには注意すること。そういう相手は約束をちゃんと守るかどうか、わかったものではない（ベテランを引き上げて新人を寄越すとか）。
幅広い業務経験があり、さまざまなことに対応できる人たち。必ずしも同業他社の案件を扱った経験が必要なわけではない。業界に詳しい人が必要な場合もあるが、ときには異なる視点からヒントを得られる場合もある。総合的に見て、信頼できる判断を行う人が望ましい。	経験に乏しい人たち。実際の経験がない場合、提供できるのは方法論だけだ。もしその方法論がまちがっていても、経験がないため認識すらできない。
真摯に向き合ってこちらの話を聞き、率直なコミュニケーションをする人たち。わからないことがあれば、隠さずに言う。	どんなことにも答えられ、つねにこちらが望むとおりの経験があるかのように見せる人たち。ハッタリの可能性が高い。
信用できると感じられる人たち。	信用できないと感じる人たち。

おわりに

私がこれまで学んできたことを一覧表にまとめれば、本書の要旨にもなってよいかと思い、何度かやってみようとした。ぜひリストにしてほしい、と何人かに頼まれもした。でもなぜか、リストをつくる気にはならない。やろうと思えば簡単なことだ。伝えたかったことをすべて書き出した概要メモがあるので、それをコピーして貼り付ければよいだけの話だ。

だが、じつは、本書の原稿を早い段階で読んでくれた人に厳しいコメントをもらって、ちょっぴりビビッているのである。問題のひとつは、はたして私は「専門家」と呼べるのか、ということだ。頭脳明晰で聡明なほうだと自認しているが（それも「平均以上効果」のせいだろうか？）、この「専門家」という言葉はどうにも引っかかる。自分でも、自分はいったい何の専門家なのかよくわからない（常識の専門家？）。

読者のみなさんが従うべき教訓をリストにまとめたり、やるべきことを箇条書きにしたりするなんて、やっぱり気が進まない。私が身をもって学んだ教訓をどの程度参考にするかはみなさんしだいであり、私の提案をただ鵜呑《うの》みにしてもらいたくはない。

本書の冒頭で述べたように、私はドグマ（定説）を助長することはしたくない。本書を読んでくださった読者のみなさんに覚えておいていただきたいことはただひとつ。**メソッドやベストプラクティスやビジネスソリューションを実行するまえに、それを実行したらどのような影響が出るかについて、あらかじめよく考えることだ。**他社がやっているからといって、それを実行することが正しいとは限らない。本書の要点はそれに尽きる。

ドグマを鵜呑みにせず、自分たちのやろうとしていることがどんな結果をもたらすか、しっかりと考えること。白紙の状態からスタートするのが不安なのは、私にもわかる。たしかに不安なことにはちがいない。しかし、あなたの周りにいる人たちと素晴らしいチームを作り上げれば、きっと道は開けるはずだ。問題を起こすのも人間なら、それを解決できるのも人間。じつに単純明快ではないか。

付録1　正しい方法を見分ける「真偽判断表」

経営コンサルタントの本なのだから、当然スコアカードらしきものが載っているはずだと思われたのでは？

そこで、私としては自分自身の何十年にも及ぶキャリアと、ビジネス書や研究論文を大量に読み漁ってきた経験をもとに、従来のマネジメントの考え方のなかで真実だと思うことをまとめてみようと考えた。

関連分野の研究をすべて把握しているわけではないため、情報の正確性については免責条項を申し立てるしかないが、この文書が「生きた文書」となることを願ってとりあえず最初の一歩を踏み出そうと思う。……あ、いけない。つい口が滑りました。申し訳ありません。クセというものはなかなか直らないものでして。

言い直します。このスコアカードはウェブサイトに掲載されているので、追加すべき研究や理論があれば、ぜひコメント欄にご記入いただきたい。

http://imsorryibrokeyourcompany.com/

正しい理論、まちがった理論

理論	真偽	情報源
業績給やインセンティブ報酬は従業員をやる気にさせ、会社の目標に向かって努力させるのに役立つ。	偽	ダニエル・ピンク、マーク・ホダック、アルフィ・コーン／フロリアン・エデラー、グスタホ・マンソー／ジェフリー・フェファー／マイケル・J・クーパー、フセイン・グレン、P・ラガヴェンドラ・ラウ
数値目標や指標つきの目標は従業員をやる気にさせ、業績の向上に役立つ。	偽	ジェフリー・フェファー／グレッグ・ストッカー、リサ・オルドネス、モーリス・シュヴァイツァー、アダム・ガリンスキー、マックス・H・ベイズ／マイケル・ジェンセン
年次業績考課、とくに評価スコアをつけることは、従業員の業績向上に役立つ。	偽	トム・コーエン、メアリー・ジェンキンズ、サム・カルバート、トロイ・グラブ
会社が成功するためには優れた戦略が必要だ。	証明されていない	戦略の策定方法を示した論文は多数あるが、戦略が必要であることを示した論文はない。
リーダーになるためには一定の特性を備えていなければならない。	証明されていない	多くの研究ではリーダーシップ能力と特定の特性との関連性を示しているが、やる気やモチベーション以外の特性については諸説あり、意見の一致は見られていない。
人のマネジメントをうまく行うには、優れた対人スキルが必要である。	正	グーグル社のプロジェクト・オキシジェン以外に多くのデータはないが、合理的な想定と思われる。また、これに対する反証は見つかっていない。
従業員のための投資を行う企業は、行わない企業に比べて業績がよい傾向がある（研修その他の人材開発や士気を高めるような活動への投資）。	正	ヒューマン・キャピタル・インスティテュート、GPTW、ASTD、ワークプレイス・リサーチ財団、ギャラップ、Workforce.com

付録2　「科学的方法」を生かす4つのステップ

企業経営は科学ではないが、科学から学べることはいろいろある。私は科学が大好きで、科学から学ぶのも大好きだ。企業にとって科学が最も参考になるのは、理論そのものよりも科学的な手法である。科学の目的は、真実を導き出すことだ。

物理学は、原子核粒子から宇宙の起源まで、物質界をあまねく支配する基本的な法則を発見しようとする。生物学は、生命に対する理解を深めようとする。化学は、分子がどのように相互作用するかを理解しようとする。

科学とは一連の法則を定めることではない。物事の仕組みを理解することであり、新たな情報が得られれば、それにもとづいて法則を変えることだ。多くの人は科学的理論とイデオロギーを混同しているように思える。理論は変わるが、イデオロギーは変わらない。占星学や特殊創造説は科学ではなく、固定化した信念体系であり、裏付けとなる真実を探求しようとするものではない。むしろ理論を曲げてその信念に一致させようとする。現在の経営〝科学〟も同様に、真実を見出すことにはあまり関心がないように思える。

私は本書の大部分を使って、一般に流布《るふ》している多くの方法論が誤っていることを証明してきたが、正しいと証明されている方法、そして、人はなぜ、どのように働くのか、その真実を導き出すことのできる方法は、ビジネスでももっと利用されるべきだ。それこそ、科学的な方法である。

科学的な方法はふつう4段階で示されるが、さらに細かく6つか7つの段階に分ける人もいる。ここでは私が小学校のときに習った4段階の方法を紹介する。

〈ステップ1〉調査、分析、精査し、問題を定義する

これはアメリカ文化特有の症状なのかわからないが、私たちアメリカ人はとにかく行動志向で、すぐに解決策に飛びついてしまい、問題をじっくりと理解しようとしない。科学的方法の第1段階は問題を定義することであり、そのためにはまず問題を理解する必要がある。問題をどのように定義するかによって、その後のすべての行動の方針が決まってくる。問題の根本的な原因を突きとめて、それを解決するほうが、表面的な症状への対処に追われるより、時間も費用もはるかに節約になる。表面的な症状への対処を繰り返すだけでは、新たな症状が現れるたびに対処に追われることになる。「どうやって」解決するかを考えるまえに、少しでも時間を取って「なぜ」問題

が起こったのかを考えるほうが、結局は時間の節約になる。

数年前、私は部門横断型の問題解決会議への参加を求められた。どうすればもっと多くの従業員が地域のボランティア活動に参加するようになるかを考えるために、アイデアを出し合おうというのだ。その結果、とてもクリエイティブな広報活動のアイデアや具体的な活動案が生まれた。

しかし、従業員たちがなぜボランティア活動に進んで参加しないのか、その理由を探ろうとした者は誰もいなかった。私たちはただコンサルタントのアドバイスに従って、問題に対して「どのような方法で対処するか」を考えたのだが、じつは問題を正しくとらえていなかった。本当の問題は、「ボランティア活動は下っ端か重要な仕事を任されていない従業員のやること」だと、従業員たちが思い込んでいたことだった。また、ボランティア活動に参加すれば、人事部など管理部門に主導権を握られそうで、それも従業員たちにとっては面倒に思えたらしい。

ブレインストーミングで出し合ったアイデアや活動案は、そのような従業員たちの思い込みを払拭《ふっしょく》しようとするものではなかった。この問題を解決するために私たちがすべきだったのは、数名の経営幹部をボランティア活動に巻き込むことだったのだ。

〈ステップ2〉調査結果にもとづいて仮説を立てる

私の経験では、人間が原因で起きた問題の場合、原因はステップ1で明らかになるケースが多いため、ステップ2は不要であることも多い。しかし、解決法が簡単に見つからない場合は、仮説を立てることで考え方を広げることができる。

ここで大事なのは、ステップ2では、調査結果にもとづいた仮説をひとつではなくいくつも立てることだ。ところが困ったことに、私たちはじっくり考えもせずに早い段階で選択肢を絞り込み、最初によいと思った解決法に飛びついてしまう傾向がある。そしていったん解決法を決めたら、たとえ新しい情報が得られても、なかなか考えを変えようとしない。けれども、いくつも仮説を立てればさまざまなことを調べるため、早い段階で選択肢を絞り込んでしまうよりも、正しい解決法が見つかる可能性は高くなる。

〈ステップ3〉実験を行い、仮説を検証する

新商品開発の成功の秘訣は、早く完成させることではなく、早い段階で失敗するこ

とだ。ポイントは、その商品のダメな点をなるべく早いうちに洗い出し、欠点を取り除くことによって、その後のよけいな手間を省くことである。経営理論家たちもそれを見習って、誤った理論は取り除くべきなのだ。

にもかかわらず、どんなモデルもメソッドも知識体系に組み込まれてしまい、企業は何でもかんでも実行しようとする。さらにひどいのは、誰か頭のよいコンサルタントが関連性のない概念を組み合わせることを思いつき、ほかのコンサルタントたちがそこへあれこれと付け足して、ただの寄せ集めでしかない概念的な枠組みを作ってしまうことだ。

そんなふうに仮説自体がまちがっていたら、いくら修正しようとしてもうまくいくはずがない。ある仮説を試してもうまくいかない場合は、さっさと次の仮説を試すべきことくらい、科学者であれば当然わかっていることなのだが。

〈ステップ4〉実験結果を見定め、結論を出し、ステップ3を繰り返す

ステップ4は単に「結論を導き出す」となっている場合が多い。私が「実験結果」と「結論」をあえて分けたのは、そのちがいを理解していないビジネスパーソンが多いことに気づいたからである。科学的方法は反復のプロセスであり、実験をたったひ

とつ行っただけで結論を導き出すに足る十分な証拠が得られるとは考えにくい。

ひとつの実験から得られるのは「結論」ではなく情報、すなわち「実験結果」であり、そこからさらに突き詰めるべき点が見えてくるのだ。このことはますます重要になってきている。なぜなら大人数のグループを対象に調査を行い、集めた情報についてさまざまなデータ分析を行うこと自体はこの10年で飛躍的に容易になったが、人びとはデータの解釈をまちがえてしまうことが多く、そのせいであらぬところに結論を見出してしまうからだ。

「相関性が高い」というフレーズは、まるでふたつのデータが疑う余地のない因果関係で結ばれているかのように不用意に使われているが、たとえふたつのデータの相関性が高いように見えても、決定的とは言えない理由が偶然重なっただけの可能性もある。

たとえば、株式市場の動向を予測する判断指標のひとつに「スーパーボウル・インデックス（SBI）」がある。SBIによると、スーパーボウルでNFC（ナショナル・フットボール・カンファレンス）のチームが優勝した年は、ダウ平均株価が上昇するというのだが、そこには80％の相関性が見られるのだ。統計的には非常に相関性が高いと言えるので、「株を買うならNFCのチームが勝った年に限る！」と思ってしまいそうだ。

ところが、SBIをもっと詳しく調べてみれば、実際は株式市場の動向とスーパーボウルの結果のあいだには何の関連性もないことに気づく。そもそもNFCはAFC（アメリカン・フットボール・カンファレンス）よりも優勝回数が多く、株式市場は下げ相場よりも上げ相場のほうが多い。したがって、ある年を適当に選べば、上げ相場でNFCが優勝している確率は高い。相関性がいっけん高いように見えるふたつのデータのあいだには、実際には何の関連性もなかったのだ。

それほど以前のことではないが、大手のタレントマネジメントコンサルティング会社の営業担当の女性に、その会社のリーダーシップアセスメントの内容について、電話で話を聞いたことがある。その女性は、自社のリーダーシップアセスメントを導入した企業は成功している確率が高い、と太鼓判を押した。どういうことか説明してもらったところ、その会社のアセスメントを利用したクライアント企業の収益成長率は、業界平均を上回っていることが統計分析で証明されている、という話だった。したがって、企業が同社のアセスメントを利用すれば、少なくとも収益成長率においては成功を収めるということになる。

しかし、もっと説得力のある説明は、「成功している企業には資金があるため、資金の乏しい企業よりもリーダーシップアセスメントを利用する確率が高い」ということではないだろうか。さらに説得力のある仮説は、「社員の能力開発に投資を行う企業は、投資を行わない企業よりも業績がよい傾向にある」ということだ。

企業の成功がリーダーシップアセスメントの利用によるものだと考えるのは、証拠にもとづいた結論というより、根拠の乏しい盲信だろう。相関性の大きそうなふたつのデータから導き出せる唯一の結論は、もっと調査が必要だということだけである。

訳者あとがき

何だかんだ言って、日本ではまだ一般的に「コンサル信仰」が強いように思える。書店に行けば、マッキンゼーやBCGなど大手コンサルティングファームの名を冠したビジネス書がずらりと並んでいる。

そんななかで、本書は異色の存在となるにちがいない。何と言っても、経営コンサルタントが「申し訳ありません、あれもこれもまちがっていました」と謝っている本なのだ。

けれども、マッキンゼーのパートナーとして活躍後、株式会社ディー・エヌ・エーを設立し、現在は同社取締役の南場智子氏も、著書『不格好経営』(日本経済新聞出版社)で、マッキンゼー時代のクライアントにばったり会ったりすると「土下座して謝りたくなってしまう」と述べておられるほどだから、コンサルティング業界を去ってから「申し訳なかった」という思いに駆られる元コンサルタントの方々は、ひょっとしたら意外と多いのかもしれない……などと思ったりもする(あくまでも想像です)。

本書の著者、カレン・フェランは、マサチューセッツ工科大学（ＭＩＴ）および同大学院を卒業後、大手会計事務所系コンサルティングファームのデロイト・ハスキンズ＆セルズ（現デロイト・トウシュ・トーマツ）や戦略系コンサルティングファームのジェミニ・コンサルティング等で経営コンサルタントとして活躍。その後、いったんコンサルティング業界を離れ、大手製薬会社のファイザーやジョンソン・エンド・ジョンソンに転職し、マネージャーとして経験を積んだ。コンサルタント時代に経験したさまざまなプロジェクトの話だけでなく、以前、コンサルタントとしてみずから導入にたずさわった数々の経営手法のせいで、一般企業に転職してからさんざん苦労したエピソードも語られており、たいへん面白い。

そう言うと、誤解を招きかねない強烈なタイトルも手伝って、ただの「コンサル批判」の本かと思われるかもしれないが、じつはそうではない。著者がコンサルティングファームによる従来のコンサルティングの問題点を指摘したうえで、本書で提唱しているのは、コンサルティング業務の望ましいあり方であり、クライアントとコンサルタントの正しい付き合い方だ。

「コンサルティングにおいて重要なのは方法論やツールではなく、対話である」

「クライアント企業は経営をコンサルタント任せにせず、自分たちでもっとちゃんと考えるべきだ」

当たり前のようでありながら、それとは正反対な現状を変えるため、フェランはコンサルティング会社オペレーティング・プリンシパルズ（http://operatingprincipals.com/）の共同設立者となり、再び経営コンサルタントとして活躍している。自他ともに認める最大の長所である対人能力の高さを発揮して、人間重視、対話重視の新しいコンサルティングサービスを提供している。

約30年のキャリアを持ついっぽうで、フェランには結婚して20年になる夫と10代のふたりの息子がいる。ときに仕事と家庭の両立に苦しみながらも、たくましくがんばってきたひとりの女性としての姿と、人間らしい温かみを感じるユーモアにも共感を覚えた。そういうところも、コンサルティング関連のビジネス書としてはユニークではないだろうか。

今回は大手コンサルティングファームに勤務するコンサルタントのY氏に、専門用語を中心に訳文のレビューをお願いした。訳者の理解の及ばなかった多くの点が補われ、訳文がより明快になったことに、心から感謝申し上げたい。

また、訳出上の疑問について、今回もたくさんの質問に丁寧に答えてくださったアメリカのカルヴァン・チャンさんにも、この場を借りて深く感謝したい。

最後に、この「プロジェクト」を最後まできめ細かく力強く率いてくださった三浦岳さんに、心から厚くお礼申し上げます。

神崎朗子

解説

成毛眞

前代未聞のビジネス書である。まず日本語だけの長いタイトルが、ビジネス戦略書としては異質に映る。内容の紹介には「気鋭のコンサルが内幕を暴露した全米騒然の問題作!」「マッキンゼー、デロイト……コンサルの持ち込む理論もチャートも改革も、じつは何の意味もなかった」と扇情的な言葉が並び、副題はなんと「コンサルタントはこうして組織をぐちゃぐちゃにする」だ。そしてパッケージに負けず劣らず、中身もじつに刺激的な内容である。

現役のエリート戦略コンサルタントにとっては営業妨害そのものだし、経営者にとっては経営課題を丸投げできる外注先がなくなるという不安が増すかもしれない。その経営者から送り込まれたコンサルタントに悩まされていた現場のビジネスマンにとっては、これでやっと普通の仕事に戻れると溜飲を下げる本でもあろう。成績優秀な学部生にとっては就活の参考になるだろうし、ＭＢＡ受講者にとってはこれまでの努力と費用の回収を心配しなければならなくなる本である。

著者はマサチューセッツ工科大学大学院を卒業後、デロイトやジェミニ・コンサルティングなどの戦略コンサルティングファームでコンサルタントとして活躍してきた、いわゆるやり手のビジネスウーマンだ。その後も大手製薬会社のファイザーや日用品のジョンソン&ジョンソンの現場で、幹部としてチームを率いてきた。人も羨むそのキャリアは30年間に及ぶという。

その彼女が戦略コンサルタントの功罪を、自分が関与した実例を示しながら明らかにしていくのだ。とはいえその一方で、著者はオペレーティング・プリンシパル社というコンサルティングファームを設立し、経営コンサルタントとして活躍しているというのだからややこしい。意地悪な見方をすれば、マッキンゼーやボストン・コンサルティングなどの大手はダメだから、私のファームに相談しにきなさいという勧誘のようでもある。

それでもなお、本書を読む価値があるものにしているのが著者の率直さと優しさである。生き馬の目を抜くような業界のなかでさんざん苦労してきた彼女ならではのリアリスティックで力強い視点が感じられるのだ。

多くのコンサルタントが教条主義的で、ツール万能主義的で、形式的で、いい加減な仕事をしているなかで、彼女が発見したコンサルティングの極意がある。それは、

「コンサルティングにおいて重要なのは方法論やツールではなく、対話である」
「クライアント企業は経営をコンサルタント任せにするのではなく、自分たちでもっとちゃんと考えるべきだ」

というものだ。つまり人間重視、対話重視のコンサルティングを展開するべきだと説いているのである。

本書のなかでも、とりわけ人材開発に関する第6章と第7章は必読だ。そもそも社員はランク付けできるのか。評価は低くても能力を発揮する人がいるはずだ。直接本人に聞けばいいことを「スコア」で判断するは愚かだ。社員教育では何でも得意にさせようとしてかえって「凡庸」にしてしまう……などなど、当たり前のようだが、人材コンサルタントにとっては仕事の根底から覆される「不都合な真実」が多数列挙されている。

著者が本書で訴えたかったのは、これ以上職場から人間性を奪うのはやめるべきだ、ということである。人材はビジネスの一部分ではない。人材なくしてビジネスは成り立たないのだともいう。まさにそれは日本企業がアメリカ生まれのコンサルを受け入れる以前の日常風景だったはずだ。

ぜひ多くの企業人にこの本から学びを得てほしいと思う。

（書評サイト「ＨＯＮＺ」代表、元日本マイクロソフト代表取締役社長）

Review のウェブサイトの "The Big Idea: The New M&A Playbook"（http://hbr.org/2011/03/the-big-idea-the-new-ma-playbook/ar/1）では、失敗率は70〜90%であると述べられている。

インセンティブ報酬の問題については、Marc Hodak, "Pay for Performance: Beating 'Best Practices.'" *Chief Executive*（2006年7-8月号）および、Michael J Cooper, Huseyin Gulen, and Raghavendra Rau, "Peformance for Pay? The Relationship Between CEO Incentive compensation and Future Stock Price Performance." *Wall Street Journal*（2009年12月号）を参照した。

問題視せざるを得ない。
・Michael Eisner――Jeffrey Katzenberg や Michael Ovitz らとのあいだに確執があったのは有名。

Whitman, Fiorina, Eisner については、"Seven Habits of Spectacularly Unsuccessful CEOs Hall of Shame." *Forbes*（2012年2月9日号）で、態度の悪さについて書かれている。

Sam Walton, Louis Gerstner, Warren Buffett, Herb Kelleher, Walt Disney に関しては、好ましい人物像を伝える報道がほとんどで、CEO にありがちな否定的な報道が見当たらない。

Steve Jobs に関する情報は、Walter Isaacson, "The Genius of Jobs." *New York Times*（2011年10月29日）や、同著者によるベストセラー *Steve Jobs*［井口耕二訳『スティーブ・ジョブズ（I・II）』講談社］による。そのほかテレビ番組*60 Minutes*のインタビューや、Romain Moisescot による略歴、*the Apple Museum*（applemuseum.bott.org）をはじめとするウェブサイトを参照した。

Manfred Kets de Vries に関する情報は、"Putting Leaders on the Couch: A Conversation with Manfred F.R. Kets de Vries." *Harvard Business Review*（2004年1月号）および同氏の公式ウェブサイト http://www.ketsdevries.com による。

・第8章

Frederick Taylor に関する情報は、Frederick Taylor, *Principles of Scientific Management*［有賀裕子訳『新訳 科学的管理法』ダイヤモンド社］や Matthew Stewart, "*The Management Myth*" および略歴に関する情報を含むウェブ記事 "Frederick Taylor and Scientific Management"（http://www.netmba.com/mgmt/scientific） や "Frederick Winslow Taylor"（http://www.eldritchpress.org/fwt/taylor.html）等を参照した。

M. Champy, J. Hammer, *Reengineering the Corporation*［野中郁次郎訳『リエンジニアリング革命』日経ビジネス人文庫］では、リエンジニアリングの取り組みの50〜70%は失敗すると述べられている。これほど失敗率が高いのは知見と能力にも欠けるせいであるとし、リエンジニアリングの取り組みはリスクが高いとしている。

合併買収の失敗率が高いことを示す例も多い。*Harvard Business*

・第7章

優れたリーダーとして例に挙がるのはことごとく男性で、そのほとんどはアメリカ人のようだ。そういうわけで、読者がある程度は知っていそうな有名な人物を選ぶことにした。この分野ではアメリカが圧倒的に強いので、他国の人でもアメリカ人のリーダーのことはある程度は知っているだろうが、アメリカ人はおそらく他国のリーダーのことはあまり知らないのではないかと思う。

Thomas Jeffersonが演説が苦手だったことは、Joseph J. Ellis, “*American Sphinx: the Character of Thomas Jefferson*”からの引用を含むThe Master of Monticelloという*New York Times*のブックレビューなどあちこちに書かれている。

一般教書演説に関する情報は、米国国立公文書館のウェブサイトより入手。Jeffersonが始めた、アメリカ連邦議会に報告書を送って代読させる慣例は、その後、第28代大統領Woodrow Wilsonが連邦議会で直々に演説を行うまで、およそ一世紀も続いた。

Daniel Golemanによるリーダーシップの特徴は前掲のGoleman, “Leadership That Gets Results”のなかで述べられている。

対人能力が劣っていたリーダーのリストは私の主観によるもので、異議を唱える人もいるかもしれない。どんな報道がされてきたか、あるいはされなかったか、ということを参考にしている。根拠となった例として次のものがある。

・Larry Ellison――Mike Wilsonによる伝記*The Difference Between God and Larry Ellison: God Doesn't Think He's Larry Ellison*［朽木ゆり子、椋田直子訳『カリスマ（上・下）』SBクリエイティブ］を参照。

・Carly Fiorina――根拠としたのは、彼女がヒューレット・パッカードCEO時代に行ったレイオフについて技術系のプレスが書きたてたこと、およびカリフォルニア上院議員選において彼女が対立候補のBarbara Boxerについて語ったコメントのふたつである。

・Meg Whitman――怒りっぽい性格についてはたびたび報道されており、知事選の期間中もイライラした態度が目立った。

・Jack Welch――彼はいつも世間の注目を集めていたかったようで、辞めたあともまだGEから特権を与えられていたのは驚きだった。誰であろうと、業績下位10%はクビにすべきなどと主張する人物は、本書ではり、むしろお得だ。
グーグルに関する記事は "Google's Quest to Build a Better Boss." *New York Times*（2011年3月）である。

・第6章

イギリスの記事 "The Firm That Built the House of Enron." *Guardian Observer*（2002年3月24日）によると、マッキンゼーのコンサルタントは、同社の提案した施策がエンロンにおいて失敗したのは、エンロンの実施の仕方に問題があったせいだと主張している。

Jack Welch が業績下位10%のマネージャーをクビにすることは、Ed Michaels, Helen Handfield-Jones, Beth Axelrod, *The War for Talent*［渡会圭子訳『ウォー・フォー・タレント』翔泳社］が出版される前からすでに有名だった。

Einstein に関する情報については、ノーベル賞のウェブサイトの受賞者略歴紹介や、*Biography.com*、*Einstein.biz* やウィキペディア（失敬）、テレビシリーズ *Nova* のドキュメンタリー番組 *Einstein, the Nobody* や *New York Times* の記事や死亡記事のほか、Antonio Moreno Gonzáles による略歴など、さまざまな資料を参照した。

U. S. Grant に関する情報については、Grant 自身による回想録や、伝記の Jean Edward Smith, *Grant* や、*Biography.com* や、"Ulysses S. Grant's Lifelong Struggle with Alcohol." *America's Civil War magazine*（online version）などを参照。

レッテルの効果に関する学生を使った研究は、Robert Rosenthal, Lenore Jacobson, "Pygmalion in the Classroom: Teacher Expectation and Pupil's Intellectual Development"（1968年）で発表された。後年、同じタイトルの本も出版されている。

「ピーターの法則」に関する論文は、Alessandro Pluchino, Andrea Rapisarda, Cesare Garofalo, "The Peter Principle Revisited: A Computational Study"（2009年10月）である。

Einstein 自身が、数学者は彼のことを物理学者とみなし、物理学者は彼のことを数学者とみなす、と不満を述べていることが、"From Companion's Lost Diary, A Portrait of Einstein in Old Age." *New York Times*（2004年4月24日）に書かれている。

・第4章

「平均以上効果」についてはMark D. Alicke, Olesya govorun, "The Better-Than-Average Effect." *The Self in Social Judgment*によくまとめられている。

Alfie KohnとDaniel Pinkの有名な著作に加え、金銭報酬のもたらしうる弊害について述べたものとしては、次の資料がある。

・Florian Ederer, Gustavo Manso, "Is Pay-for-Performance Detrimental to Innovation?"

・Jeffrey Pfeffer, "Six Dangerous Myths About Pay." *Harvard Business Review*（1998年5-6月号）

・Michael J. Cooper, Huseyin Gulen, P. Raghavendra Rau, "Performance for Pay? The Relationship Between CEO Incentive Compensation and Future Stock Price Performance"

Teresa Amabileも社員を最もやる気にさせる方法を研究しているが、やはりそれはお金ではない。著作にTeresa Amabile, Steven Kramer, *The Progress Principle*がある。

Marc Hodakによる記事"Pay for Performance: Beating 'Best Practices.'" *Chief Executive*（2006年7-8月号）も参照。

・第5章

Marcus Buckingham, Curt Coffman, *First, Break All the Rules*［宮本喜一訳『まず、ルールを破れ』日本経済新聞出版社］に引用されたギャラップ社のリサーチで、上司に恵まれなかったことが離職の原因のトップに挙がっている。Susan H. Gebelein et al., *The Successful Manager's Handbook*［『成功するマネージャーのハンドブック』PDI］はその後ますます厚くなっている。私が持っているのは2000年の第6版で、その後は2010年に最新版が出ている。

Daniel Golemanのリーダーシップモデルは、"Leadership That Gets Results." *Harvard Business Review*（2000年3-4月号）という記事において発表された。

私は*Harvard Business Review*に信頼を寄せている。何年も購読しており、経営管理の新しい理論の多くはここで発表されるためだ。本を買って一冊ぜんぶ読むよりも、*Harvard Business Review*の記事を読むほうがお手軽だし安上がりでもある――各論文のシノプシスまでついてお記事を書いている。最初の記事は *HBR classic* として定期的に再版されている。

104ページのバランススコアカードは、本書のために私が作成したもの。実際のクライアント案件で用いた例を参考にしているが、機密保持の観点からまったく同じものは使用していない。106ページの「カスケード型主要業績評価指標」についても同様。

パワーポイント資料からの抜粋として示した最初のふたつの指標は、私がジェミニ・コンサルティングで使用したプレゼンテーション資料からの引用である。私が作成したものではなく、作成者は不明。

「SMART」という頭字語には何通りもの定義がある。私が使用しているのは「specific（具体的）、measurable（測定可能な）、actionable（達成可能な）、results-oriented（成果に基づいた）、time-bound（期限の明確な）」である。SとMの定義はどのバージョンでもだいたい同じであり、Tはtimeという言葉を使っている点は共通している。ところがAについては、「achievable（実現可能な）、attainable（達成可能な）、agreed-upon（合意した）、assignable（権限割当可能な）、appropriate（適切な）」などさまざまに異なる。Rについてはresults-orientedに加えて、relevant（関連性のある）やrealistic（現実的な）などがある。

この「SMART」という頭字語を、誰が考案したのかはわからない。Peter Druckerは目標設定について執筆し、「目標による管理」（MBO）を提唱したことで知られるが、彼がSMARTという言葉を造ったわけではない。Dr. George Doranは自分が最初にこの言葉を使い始めたと主張しているが、それ以前にすでに使用されていた、と主張する人もいる。また、「SMARTER」という頭字語を使う人もおり、最後にEとR（evaluate／評価する）、（reevaluate／再評価する）というステップが追加されている。「SMARTEST」というのはまだお目にかかったことがないが、E（evaluate／評価する）、S（sign-off／終了させる）、T（throw-away／忘れ去る）あたりでどうだろうか（とりあえず、私の商標出願は保留にしておく）。

アメリカの企業の多くは、グローバルビジネスをスムーズに行うために、米国会計基準（US GAAP）から国際財務報告基準に移行しつつある。しかし、それこそ財務会計が主観的であることのさらなる証拠に思えてならない。

企業はマーケットシェアや利益の増大を求めるあまり、既存の商品に新たな特徴を加えるばかりで、既存の商品を追いやってしまうような画期的な新商品を生み出そうとしなくなる。というのも、画期的な新商品は売れるかどうか最初はわからないので、低価格で利益率も抑えており、当然ながらマーケットシェアもゼロの状態で売り出されるため、というもの。

・第2章
「制約条件の理論」は Eliyahu M. Goldratt, *The Goal*〔三木本亮訳、稲垣公夫寄稿『ザ・ゴール』ダイヤモンド社〕に登場する。

　シックスシグマの起源に関する情報は、"The History of Six Sigma" や "The Gvolution of Six Sigma" を始めとする数々のインターネットの記事や Peter S. Pande, Robert P. Neuman, Roland R. Cavanagh, *The Six Sigma Way*〔高井紳二監訳『シックスシグマ・ウエイ』日本経済新聞出版社〕による。シックスシグマ運動はモトローラ社で始まったというのはよく知られていることだが、ほかのエンジニアたちがシックスシグマ運動の「父」だとする説もある。

「自動車のエンジンがかからない原因」を示したフィッシュボーン・チャートの作成者はわからないが、私はこれをジェミニ・コンサルティングにいたときから使っているので、おそらくジェミニの誰かが作成したものだろう。

　フィッシュボーン・チャートにはこの自動車の例以外にもいろいろなパターンがあり、各業界や状況に合わせて利用されている。たとえば、Pを使ったパターン（people／人、policies／方針、procedures／手続き、processes／プロセス、place／場所）などもあるが、私はMのパターン（man／人、machine／機械、materials／マテリアル、method／メソッド、milieu／環境）を用いて、機械に生じる問題も、結局は人間が原因となって起きていることを示した。

・第3章
　バランススコアカードに関する論文は、Robert S. Kaplan, David P. Norton, "The Balanced Scorecard: Measures That Drive Performance." *Harvard Business Review*（1992年1-2月号）である。この記事が出たあと、著者のふたりはバランススコアカードに関する数冊の本やその他の

原注

・第1章

戦略コンサルティング業界の特徴に関する記述は、代表的な戦略コンサルティングファームの創業者らの姿を描いた、Walter Kiechel, *The Lords of Strategy*［藤井清美訳『経営戦略の巨人たち』日本経済新聞出版社］およびGarry Emmonsによる同書の書評にもとづく。

Michael Porterによるツールが登場するずっと以前に、ボストン・コンサルティング・グループは、ポートフォリオ・マトリックス・モデルと経験曲線効果というふたつの有名な定量的モデルを開発しているが、いずれもキャッシュマネジメントのツールだった。Porterの本ではそのふたつのモデルがミックスされ、包括的な戦略を示している。

Jack Welchについての情報は、GEのホームページや、*Encyclopedia.com*、*BusinessWeek*、*Economist*など、多数のウェブサイトから入手した。10万人規模のレイオフは広く報道されており、2009年の「Jack Welch MBA」に関する*Economist*の記事からの引用によって証明できる。「Welchは、建物を壊さずに人間のみを殺す中性子爆弾（ニュートロン・ボム）になぞらえて"ニュートロン・ジャック"の異名を取った。Welchが CEOに着任する直前の1980年の末には、GEには41万1000名の従業員がいたが、1985年末には29万9000名に減っていた。またWelchは、毎年、業績が下位10%のマネージャーをクビにする方針をGEに導入した」

W. Chan Kim, Renée Mauborgne, *Blue Ocean Strategy*［有賀裕子訳『ブルー・オーシャン戦略』ダイヤモンド社］は、既存の分野で競争するよりも、クリエイティブに新しい市場を開拓する戦略を提唱した有名な本。「レッド・オーシャン」（赤い海）が血まみれの戦闘を表すメタファーであるのに対し、「ブルー・オーシャン」（青い海）はまだ誰にも開拓されていない、チャンスのある市場を表している。この方法論も「まずは大きな、わくわくするようなビジョンを描き、それを実現するための計画を立てる」プロセスに従うものである。

Clayton Christensen, *The Innovator's Dilemma*［玉田俊平太監修、伊豆原弓訳『イノベーションのジレンマ』翔泳社］によって、「破壊的イノベーション」という新しいビジネス用語が生まれた。この本の論旨は、

カレン・フェラン

経営コンサルタント。マサチューセッツ工科大学(MIT)および同大学院を卒業後、デロイト・ハスキンズ&セルズ(現デロイト・トウシュ・トーマツ)、ジェミニ・コンサルティング等の大手コンサルティングファームで、戦略、オペレーション、組織開発、IT分野の経営コンサルタントとして活躍。その後、製薬大手ファイザーや、ジョンソン・エンド・ジョンソンでマネージャー職を務めた。現在はオペレーティング・プリンシパルズ社の共同設立者となり、経営コンサルタントとして活動している。夫とふたりの息子とともに米国ニュージャージー州に在住。

神崎朗子(かんざき・あきこ)

翻訳家。上智大学文学部英文学科卒業。訳書に『スタンフォードの自分を変える教室』『フランス人は10着しか服を持たない』(ともに大和書房)、『やり抜く力』(ダイヤモンド社)などがある。

本作品は小社より二〇一四年三月に刊行されました。

だいわ文庫

申《もう》し訳《わけ》ない、御社《おんしゃ》をつぶしたのは私《わたし》です。
コンサルタントはこうして組織《そしき》をぐちゃぐちゃにする

著者　カレン・フェラン
訳者　神崎朗子《かんざきあきこ》

二〇一八年六月一五日第一刷発行

発行者　佐藤 靖
発行所　大和《だいわ》書房
東京都文京区関口一-三三-四 〒一一二-〇〇一四
電話 〇三-三二〇三-四五一一
フォーマットデザイン　鈴木成一デザイン室
本文デザイン　松好那名(matt's work)
本文印刷　厚徳社
カバー印刷　山一印刷
製本　ナショナル製本

ISBN978-4-479-30709-9
乱丁本・落丁本はお取り替えいたします。
http://www.daiwashobo.co.jp